엑스포지멘터리 성경공부 시리즈

# 예레미야(I)

인도자용

예레미야 1-23장

엑스포지멘터리 성경공부 시리즈

# 예레미야(I)

인도자용

예레미야 1-23장

| 송병현 · 임우민 지음 |

EM Exposi Mentary

# 차례

## 『예레미야(Ⅰ)』 엑스포지멘터리 성경공부 오리엔테이션
(60분 소요)

* 한 주의 성경공부는 60분을 기준으로 구성되어 있으나 그룹의 요구와 형편에 따라 조절할 수 있습니다.

* 첫 번째 모임의 오리엔테이션은 다음과 같은 구성으로 모임을 갖도록 합니다.

### 1. 찬양과 기도(5분)

친양하고(선댁), 인도자의 짧은 기도로 모임을 시작하십시오.

### 2. 자기 소개(10분)

1) **서로 잘 아는 사이의 그룹일 경우** : 한 명씩 돌아가면서 자기 소개를 하도록 하십시오. 본인의 성격을 동물이나 꽃에 비유하여 소개하는 것도 자신의 특성을 잘 소개할 수 있는 방법입니다.
2) **서로 잘 모르는 사이의 그룹일 경우** : 두 명이 한 조를 이루어 자신이 '제일 잘 하는 것 한 가지'를 서로 나눕니다. 3분 정도 후 돌아가며 서로의 짝을 소개하는 시간을 갖습니다. 쑥스러운 분위기를 부드럽게 만들기 위해 인도자가 먼저 자기 소개를 하여 어떻게 하는지 본을 보이는 것이 좋습니다.

### 3. 학생용 책 나누어 주기(5분)

인도자용 교재는 인도자가 효율적으로 인도하기 위한 것이기 때문에 나누어 주지 마십시오.

### 4. 엑스포지멘터리 성경공부에 대한 소개(2분)

엑스포지멘터리(EXPOSItory + commentary = Exposimentary, 해설주석)는 '해설, 설명'을 뜻하는 'expository'라는 단어와 '주석'을 뜻하는 'commentary'를 합성한 단어입니다. 본문의 뜻과 저자의 의도와는 연관성이 없는 주제와 묵상으로 치우치기 쉬운 expository의 한계와 필요 이상으로 논쟁적이고 기술적일 수 있는 commentary의 한계를 극복하여 가르치는 사역에 도움을 주기 위한 새로운 장르입니다. 성경공부의 가장 핵심적인 목적은 **올바른 성경해석과 적절한 말씀적용**입니다.

### 5. 예레미야서 서론(20분)

* 학생용 교재를 사용하여 같이 나눕니다.

*『**예레미야(I)**』 시작 전 예레미야서의 서론을 나눕니다. 예레미야서는 총 두 권으로 교재를 구성하였으며 처음『**예레미야(I)**』에서는 1~23장을,『**예레미야(II)**』에서는 24장~예레미야애가까지 핵심 내용들을 다루게 됩니다.

* 내용을 미리 읽어 오도록 권유합니다.

1. 예레미야서의 중심 메시지
    - 주권자 여호와
    - 새언약
    - 민족주의
    - 선지자와 하나님
    - 예레미야와 모세

2. 예레미야서 전체의 구조와 개요
    Ⅰ. 예레미야의 소명과 환상(1:1-19)
    Ⅱ. 유다와 예루살렘에 대한 경고(2:1-6:30)
    Ⅲ. 성전 설교 및 경고(7:1-10:25)
    Ⅳ. 언약 파괴와 선지자의 불평(11:1-15:21)
    Ⅴ. 경고, 권면, 좌절(16:1-20:18)

Ⅵ. 비난과 심판(21:1-25:38)
Ⅶ. 거짓 메신저들(26:1-29:32)
Ⅷ. 회복에 대한 소망(30:1-33:26)
Ⅸ. 주전 605-586년의 사건과 메시지(34:1-39:18)
Ⅹ. 예루살렘 함락 이후의 일(40:1-45:5)
Ⅺ. 열방에 대한 심판 선언(46:1-51:64)
Ⅻ. 역사적 자료 추가(52:1-34)

### 6. 서류 작성(5분)

교재의 마지막 장에 있는 '비밀 유지 서약서'의 의도를 설명하며 서명하도록 합니다.

### 7. 기대와 포부(5분)

성경공부 모임을 통해 기대하는 것을 구성원의 2명 정도만 이야기하도록 합니다.

### 8. 숙제와 실천과제(5분)

다음 주의 말씀 돋보기 부분을 숙제해 오도록 하십시오.
실천과제로 『예레미야(Ⅰ)』에서 다루는 예레미야서 1~23장 전체를 읽을 수 있는 데까지 소리 내어 지속적으로 12주동안 읽어 오도록 하십시오.

### 9. 기도

다 함께 이 성경공부 모임을 위해 기도하십시오.
다음 모임의 약속과 장소를 다시 한번 공지하십시오.

* 두 번째 모임부터는 다음과 같이 시간 구성을 하도록 합니다.

## 10. 이 책의 구성 및 사용방법(5분)

### 1) 복습 – 예상소요시간 5분

- 복습은 지난주에 배운 말씀 중 가장 핵심적인 부분을 이해하고 있는지 확인하는 부분입니다.
- 지난주에 결단했던 **'생활의 아로마'**가 어떻게 진행되었고, 삶에 어떤 변화를 가져왔는지 간단히 나눕니다.

### 2) 말씀 돋보기(관찰) – 예상소요시간 20분

- '말씀 돋보기'는 숙제로 제시합니다.
- '말씀 돋보기'는 Tip을 제시하고 있으며, Tip을 자세히 읽으면 스스로 답을 얻을 수 있습니다. 그러나 되도록이면 성경에서 답을 찾고 기록한 후, 그 문제를 이해했는지 Tip을 통해 확인하도록 하십시오.
- 문제를 함께 풀어 보고 문제에 필요한 추가 설명을 곁들이며 어려움이 없었는지 확인합니다.

### 3) 삶의 내비게이션(적용) – 예상소요시간 25분

- '삶의 내비게이션'은 모임 시간에 함께 나누는 부분입니다.
- 인도자의 중요한 역할은 '삶의 내비게이션'에서 Tip을 사용하여 '말씀 돋보기'와 연결되는 삶을 나누고 방향을 함께 볼 수 있도록 안내하는 것입니다.
- '삶의 내비게이션'은 과거, 현재, 미래형으로 질문이 구성되어 있습니다.

### 4) 생활의 아로마(실천) – 예상소요시간 5분

- ‘생활의 아로마’는 구체적인 실천과제를 학생 스스로 적고 실천하는 부분입니다.
- ‘생활의 아로마’는 매주 모임에서 토론한 내용 중에서 각자의 상황과 결단에 맞추어 한 가지 정도의 구체적인 실천과제를 제시합니다. 모임을 시작하면서 실천과제에 대한 나눔을 합니다.
- 나눔의 깊이는 성령님의 인도하심, 인도자의 지혜, 그리고 그룹 구성원간의 서로에 대한 신뢰 정도에 따라 차이를 보일 수 있습니다.
- 학생용 교재 마지막 장에 ‘『예레미야(Ⅰ)』 말씀과 삶의 변화 일지’를 사용하여 EM성경공부를 통해 삶이 어떻게 변화되고 어떤 결과로 나타났는지 볼 수 있게 하였습니다.

〈엑스포지멘터리 성경공부 시리즈 구성〉

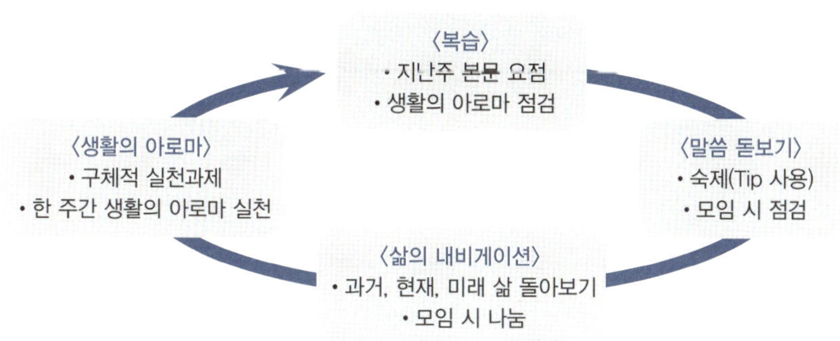

# 예레미야 서론

눈물의 선지자라고 알려진 예레미야는 마치 석양처럼 유다가 역사의 지평선 너머로 사라져가는 것을 끊임없이 흐르는 눈물에 흐려진 시야로 지켜보아야 했다. 그 누구보다도 나라를 사랑한 유다의 한 시민이었기에 그는 유다의 운명에 괴로워했다. 그러면서도 하나님의 따스한 위로와 소망의 메시지를 듣고자 찾아온 백성들을 향해서 "무모하게 적군과 싸우지 말고 항복하라. 그들의 포로가 되어 바빌론으로 가라"는 냉혹한 권면을 했다. 그래서 우리는 예레미야서에서 자기 백성과 나라를 매우 사랑했던 시민 예레미야와 그들에게 냉정하게 심판의 메시지를 선포해야 했던 선지자 예레미야의 끊임없는 갈등을 목격하게 된다.

## 1. 선지자

선지자의 이름 예레미야를 문자적으로 풀이하면 '여호와가 자유하게 하신 자', '여호와가 존귀케 하신 자' 혹은 '여호와가 세우신 자'로 풀이된다. 그는 예루살렘에서 북쪽으로 약 5킬로미터 떨어져 있던 아나돗에서 제사장 힐기야의 아들로 태어났다(1:1; 11:21, 23; 29:27; 32:7-9). 예레미야의 아버지는 제사장이었지만, 예레미야도 제사장 사역을 했는지는 확실치 않으나 제사장이 받아야 하는 훈련은 모두 받았을 것이다.
예레미야는 파란만장한 유다 역사의 마지막 순간을 지켜보며 오열했던 선지자이다. 그는 유다의 정치, 종교 지도자들을 신랄하게 비난했다. 그 대가로 매를 맞았고(20:2), 재판장에서 반역죄를 뒤집어쓰기도 했다(26장; 37:11-16). 그를 암살하려는 시도가 두 차례나 있었다(18:18; 12:6). 사람들은 그를 빈 물 저장탱크에 처넣기도 하고(38:1-13), 감옥에 감금하기도 했다(38:14-28). 그 뿐 아니라 예레미야는 자기 가족과 친척으로부터 따돌림을 받았다(11:21-21; 12:6). 예레미야가 가장 힘들어했던 것 중 하나가 거짓 선지자들의 위선과 조작된 메시지였다. 하나님의 이름을 팔며 자신들이 마치 하나님의 대변인인 것처럼 떠들어대던 사람들이 한결같이 거짓 평안과 거짓 번영에 대한 메시지를 전했다. 들어야 하는 메시지보다는 듣고 싶은 메시지에 열광하는 백성들은 거짓 선지자들이 만들어낸 메시지에 귀를 기울고, 정작 참 선지자인 예레미야에게는 등을 돌렸다. 이 모든 수난과 고통이 선지자가 하나님께 드리는 기도속의 반항과 원망의 근거가 되었을 것이다(11:18-12:6; 15:10-21; 17:12-18; 18:18-23; 20:7-18). 예레미야는 때로는 하나님이 그를 버리셨다는 생각에 괴로워했고, 때로는 하나님께 자신의 '원수'에게 보복해 달라고 매달리기도 했다. 그는 끊임없는 고통으로 신음하며 하나님의 선하심과 불변성을 의심하기도 했다. 그러나 그의 갈등은 불신이라기 보다는 진솔함에서 비롯된 아픔에 대한 토로였다(15:17-20; 20:7).

오늘날의 기준으로 예레미야의 사역을 평가한다면, 그는 한없이 실패한 사람이다. 그는 40여년 동안 하나님의 말씀을 선포했지만, 기의 모든 사람이 그가 하나님의 선지자라는 사실조차 인정하지 않았다. 예레미야는 세상의 기준으로는 철저하게 실패했지만, 하나님의 기준으로는 대단한 성공을 누린 선지자였다. 하나님의 기준은 딱 한가지, 각자가 받은 소명과 말씀에 얼마나 순종했는가, 이기 때문이다. 때로 반항하기도 했지만, 아무리 어렵고 힘이 들어도, 그는 하나님께 받은 선지자 소명에 신실했고, 하나님의 말씀에 철저하게 순종했다.

## 2. 역사적 정황

### (1) 근동 정세

예레미야가 사역했던 시대를 전후로 한 주전 640-570년경의 근동 상황은 한 마디로 표현하면 '급변'이다. 지난 200여년 동안 군주국으로 근동 지역을 호령해 오던 아시리아의 세력이 급격히 약화되면서, 그 자리를 차지하기 위해 바빌론과 이집트가 꿈틀거리기 시작했다. 주전 625년

신바빌론이 설립되면서 지속적으로 아시리아에 군사적 압력을 가하다가 주전 616년 아시리아의 옛 수도 앗술을 향해 진군했다. 주전 614년 바빌론-메대 연합군의 손에 함락되고, 아시리아의 새수도 니느웨도 주전 612년 연합군에 의해 함락되면서 아시리아 제국은 사실상 막을 내렸다. 남쪽에서는 그동안 아시리아의 힘에 눌려 근동의 정치 무대에서 전혀 실력을 과시하지 못했던 이집트가 아시리아의 패망을 틈타 세력을 키우기 시작했다. 이집트와 아시리아 패잔병 연합군은 주전 605년에 바빌론과 근동의 통치권을 놓고 갈그미스에서 격전을 치른다. 바빌론의 대승으로 끝난 싸움은 바빌론이 근동을 다스리게 되는 계기가 되었다. 이때 패배로 아시리아 제국은 지도에서 영원히 사라졌다. 이집트는 다시 한 번 국제 무대에서 패배를 맛보았고, 조용히 숨죽이고 지내야 했다. 그러나 이집트는 북쪽 이웃인 가나안 국가들에게는 계속 정치적인 영향력을 행사했다.

### (2) 유다의 상황

약소국가인 유다는 바빌론과 이집트 사이에서 살아남기 위해 안간힘을 섰다. 여호와김은 그를 왕으로 세운 이집트에 충성을 약속했다. 그러나 이집트를 물리친 바빌론 군이 시리아-가나안 지역을 침략하자(주전 604-603년), 유다를 포함한 그곳의 모든 나라가 바빌론에 충성을 맹세했다. 협박과 위협의 결과였다. 바빌론은 주전 601년에 이집트 접경까지 내려가 이집트와 다시 한 번 싸웠지만, 승부를 내지 못하고 바빌론으로 돌아갔다. 가나안의 약소국가들은 이 전투를 이집트가 앞으로 바빌론을 물리치고 근동의 강자가 될 조짐으로 받아들여 전쟁이 끝나자마자 곧바로 바빌론을 배반했다. 그러나 재정비한 바빌론 군은 가나안 지역의 반역을 응징하기 위해 주전 598년 12월에 침략을 감행했고, 가나안 지역은 순식간에 무너졌다. 예루살렘은 포위되었고, 여호야김마저 죽었다. 그 뒤를 이어 그의 아들 여호야긴이 대를 이어 보좌에 올랐으나 그의 예루살렘 통치는 3개월만에 막을 내렸다. 이듬해인 주전 597년 3월 15-16일에 예루살렘은 함락되었다. 바빌론 군은 약 8,000명의 포로와 많은 노획물을 끌고 돌아갔다(왕하 24:16). 그리고 유다왕 여호야긴을 인질로 삼아 바빌론으로 끌고가고 그 자리에 여호야긴의 숙부 시드기야를 왕으로 삼았다. 바빌론에 의해 왕으로 세워진 시드기야는 주전 589년에 바빌론을 배신하고 이집트에 충성을 맹세했다. 소식을 들은 바빌론은 다시 가나안 땅을 침범해 유다를 점령했다. 예루살렘은 포위된 상태에서 1년 이상 버티다 주전 586년 여름에 함락되었다. 시드기야는 성이 함락되기 며칠 전 밤에 성밖으로 도망쳤으나 결국 바빌론 군에 붙잡혔고, 바빌론 군인들은 시드기야가 지켜보는 앞에서 그의 아들들을 모두 처형했다. 아들들의 처형을 지켜본 시드기야는 두 눈이 뽑힌 채 바빌론으로 끌려가 그곳에서 최후를 마쳤다(왕하25:1-21; 렘 52:9-11). 두 달 후 느부갓네살의 장군 네부사라단은 예루살렘에 불을 질렀다. 그 불로 성전마저 흙더미가 되었다. 유다는 주전 568년에 이렇게 막을 내렸다.

### (3) 디아스포라 공동체

예레미야가 사역하던 시대에 유대인들은 근동의 세 곳, 즉 유다, 이집트, 바빌론에 공동체를 형성하며 살았다. 이 세 유대인 공동체는 각자 특성을 지녔다. 첫째, 유다에 형성된 공동체는 신분적으로나 능력면에 있어서 자투리라 할 수 있는 가장 볼품없는 사람들로 이루어진 공동체였다. 바빌론 사람들은 주전 597년과 586년에 유다의 중류층 이상의 사람들 대부분을 강제로 바빌론으로 끌고 갔다(cf. 왕하 25:11; 대하 36:20; 렘 52:15). 유다에 남은 사람들의 삶은 매우 비참했다. 경제적으로 궁핍했고, 정치적으로 무기력했고, 영적으로 마비된 상태였다.

둘째, 이집트에는 바빌론을 두려워해서 도피한 유다 사람들의 공동체가 형성되었다. 그들은 바빌론이 군주로 자리매김을 한 주전 605년 이전부터 이집트로 이주해갔다. 예루살렘이 함락된 주전 586년 이후에 바빌론을 두려워한 유다에 남아 있던 사람들 중 일부가 이집트로 망명했다. 주전 581년경에 이집트로 내려간 사람들은 바빌론이 유다 총독으로 세운 그달랴가 암살 당하자 바빌론의 보복이 두려워 유다를 떠났다(왕하 25:25-26; 렘41:1-2). 이 때에 예레미야도 강제로 끌려가 이집트에서 일생을 마쳤다(cf. 렘43장).

셋째, 바빌론에 형성된 공동체는 본인의 의지와 상관없이 유다에서 끌려간 인질들이 주류를 이루었다. 포로로 끌려온 유대인들은 바빌론 사회에 빨리 흡수되었지만 자신들의 민족적 정체성은 잃지 않고 유지했다. 그들은 장로제도를 그대로 유지했으며, 자신들의 족보도 계속 보전했다(cf. 스 2장; 느 7장). 또한 그들은 예루살렘이 함락되기 전까지 본국과 계속 연락을 취했다(렘 29장). 그들은 예루살렘에서 멀리 떨어져 있었지만 다양한 예식, 할례, 안식일 성수 등을 준수하며 항상 모세의 율법을 최대한으로 지키기 위해 노력했다(cf. 사 56:2-4; 58:13; 겔 44-46장). 그러나 에스겔에 의하면 그들의 영적 상태는 그다지 좋지 않았다.

## 3. 메시지

### (1) 주권자 여호와

예레미야는 유다의 하나님을 온 세계에 절대적인 주도권을 행사하시는 창조주로 묘사한다. 유다 백성은 여호와가 힘이 없어서 아시리아와 바빌론의 신들에게 그들을 내어주었다고 생각하지만, 선지자는 유다 뿐만 아니라 이집트, 바빌론 등에서 벌어지고 있는 모든 일이 여호와의 주권 아래 진행되고 있다는 사실을 강조한다. 주의 백성에게 임한 어려움과 환난 역시 하나님이 목적을 두고 행하신 일이라는 것이다. 유다의 하나님 여호와께서는 온 우주의 창조주일 뿐만 아니라, 창조된 세상을 다시 파괴할 수 있는 권한과 능력의 소유자이기도 하다. 선지자는 하나님을 자주 '물'로 비유한다(2:13; 17:7-8, 13). 하나님은 온 우주를 채우고(23:24), 비를 보내며(5:24; 14:22b), 바닷물도 지배하신다(5:22). 여호와 하나님은 또한 무한히 거룩한 분이다. 선지자는 유다 백성의 죄를 부각시켜 그들과 대조되는 하나님의 거룩하심을 강조한다. 여호와 하나님은 백성들로부터 무한히 뛰어나고 멀리 계신 분이다. 하나님은 존재적으로, 본질적으로 이 세상의 그 무엇에도 비교될 수 없는, 모든 것을 초월하신 분이다. 그러나 동시에 하나님은 매우 가까운 곳에서 백성들을 지켜보시는 분이다. 여호와는 인류의 역사와 백성들의 삶에 직접 개입하고 간섭하시는 분이다. 주님은 정열적으로 유다를 사랑하고 끊임없이 자비를 베푸시는 하나님이다.

### (2) 새언약

새언약은 과거에 유다가 너무나도 쉽게 파괴했던 하나님과의 '부부관계'보다 더 친밀한 관계를 요구한다(31:32). 예레미야는 새언약이 옛언약처럼 돌에 새기는 것이 아니라 죄의 온상이라고 할 수 있는 사람의 마음에 새겨질 것이라고 말한다(31:33). 마음에 새겨진 말씀이 사람의 삶을 지배할 때가 오리라고 기대하는 것이다. 이 언약은 하나님을 아는 참 지식에 근거를 두어야 하며(31:34), 그동안 쌓인 모든 죄 문제를 해결할 수 있어야 한다(31:34). 그렇지 않으면 새언약을 체결할 의미가 많이 희석되기 때문이다. 주의 백성이 미래에 기대할 만한 완전한 변화는 그들 마음에 새겨지는 율법을 중심으로 실현될 것이다. 선지자는 '의로운 가지'에 미래에 대한 기대를 걸고 있다. 그리고 이 가지는 다윗의 자리를 그대로 계승한다(23:5). 그러므로 미래는 새언약, 새율법, 새왕, 이 세 가지가 조화를 이루는 낙관적인 곳이다.

### (3) 민족주의

선지자는 민족주의가 자기 백성을 맹목적으로 지지한다는 생각을 처음부터 배제한다. 그는 한 번도 유다 백성이 지은 죄에 동조하거나 묵인하지 않았다. 그들의 죄를 합리화하거나 정당화하지도 않았다. 오히려 그들의 죄를 맹렬하게 비난하며 회개할 것을 촉구했다. 심지어 그를 매국노로 취급하는 백성의 오해와 비난을 받으면서도, 더 나아가 자신의 메시지 때문에 감옥에 갇히면서도 회개를 촉구했다. 유다를 가장 사랑하는 유다 시민으로서 예레미야는 그들이 듣고 싶어하는 메시지보다 들어야 하는 메시지를 과감하게 선포하며, 그들이 하나님께 돌아오기를 호소했다. 진정한 민족주의자는 백성이 듣기 싫어하더라도 꼭 들어야 하는 하나님의 메시지를 전하는 사람이다. 그것은 결코 쉬운 일이 아니다. 그래서 선지자는 메시지를 선포하며 많은 비난과 핍박을 받았다.

우리는 예레미야에게서 진정으로 민족을 사랑하고 나라를 사랑하는 것이 무엇인가를 배워야 한다. 진정한 애국은 무조건 나라와 민족이 하는 일을 지지하는 것이 아니다. 하나님의 뜻에 비추어볼 때 민족과 나라가 어떻게 하고 있는가를 과감하게 알려주는 것이 성경적 민족주의이다. 또한 단기적인 안목이 아니라 장기적인 안목을 추구해야 한다. 참된 민족주의는 백성의 잘못을 알려줄 때 정죄의 입장이 아니라, 안타깝고 애틋한 마음으로 백성의 일원이 되어 눈물을 흘리며 메시지를 전하는 것이다. 이것이 성경이 예레미야를 통해서 보여주는 진정한 민족주의자의 모습이다.

### (4) 선지자와 하나님

처음부터 하나님이 주신 선지자의 소명을 순순히 받아들이려 하지 않았던 예레미야는 사역을 시작한 후에도 하나님과 많은 '갈등'을 빚는다. 한번은 선지자가 하나님의 명령에 따라 성전에 가서 말씀을 전하다가 성전을 관리하는 제사장에게 잡혀 감금당하고 다음날 매를 맞고 풀려난 일이 있었다(19–20장). 예레미야는 보호를 약속해 놓고 자기를 보호해 주지 않으신 하나님을 원망한다(20:7–10). 그래도 분이 풀리지 않아 자기가 태어난 날을 저주했다(20:14–18). 하나님이 모든 피조물을 아름답게 창조했고, 모든 사람을 귀하게 만드셨다는 섭리에 문제를 제기한다. 예레미야가 이처럼 하나님을 원망하는 이유는 하나님이 그에게 주신 사역이 너무나 힘이 들고 어렵기 때문이다. 성경은 하나님이 함께하신다고 해서 항상 일이 잘 풀리거나 고통이 없는 것은 아니라고 말한다. 오히려 하나님이 함께 할수록 우리의 삶과 사역이 더 어려울 수 있다. 사탄의 방해가 그만큼 더 크기 때문이다.

선지자는 하나님의 신뢰성에 문제를 제기하기도 했다(15:17–18). 그는 하나님이 절대 믿을 수 없는 분이라고 주장했다. 그러나 하나님은 선지자의 맹렬한 비난에도 그를 책망하거나 화를 내시는 일이 거의 없다. 예레미야와 하나님의 관계는 다른 선지자들에 비교했을 때 하나님은 그 어느 선지자보다 예레미야에게 가까이 오셨다. 주님은 선지자와 동행하고 부모의 심정으로 그와 호흡을 같이하신다. 힘들다고 불평을 토하는 선지자의 하소연을 받아 주신다. 예레미야는 자신과 함께하시는 하나님을 통해 모든 아픔과 스트레스를 해소해가며 사역한다. 그는 선지자들 중 하나님의 함께하심을 가장 확실하게 체험하며 살았다.

### (5) 예레미야와 모세

예레미야서는 여러 가지 면에서 선지자를 마치 제 2의 모세처럼 묘사한다. 두 사람 사이에는 다음과 같은 공통점이 있다.

- 하나님이 자신의 말씀을 이들의 '입에 넣으셨다(1:9; 신18:18).
- 이 두 사람은 열방에 보내진 선지자들이다(1:4; 출3:10).
- 소명이 임했을 때 자신들의 무능력을 핑계로 사역을 거부했다(1:6; 출4:10).
- 모세에게는 여호수아가, 예레미야에게는 바룩이 있었다.
- 두 사람 모두 이집트로 갔다.
- 두 사람 모두 백성들을 위해 끊임없이 중보했다.

## 4. 개요

Ⅰ. 예레미야의 소명과 환상(1:1–19)
  A. 표제: 선지자의 시대(1:1–3)
  B. 소명(1:4–10)
  C. 두 환상(1:11–16)
  D. 하나님의 권면과 약속(1:17–19)

Ⅱ. 유다와 예루살렘에 대한 경고(2:1–6:30)
  A. 하나님의 유다 책망(2:1–37)
  B. 선지자의 호소: 돌아오라!(3:1–4:4)
  C. 북쪽 침략자 경고(4:5–31)
  D. 영적으로 몰락해 듣지 못하는 유다(5:1–31)
  E. 다가오는 예루살렘 멸망(6:1–30)

Ⅲ. 성전 설교 및 경고(7:1–10:25)
  A. 성전에서 선포한 말씀(7:1–8:3)
  B. 치유가 불가능한 유다(8:4–10:25)

Ⅳ. 언약 파괴와 선지자의 불평(11:1-15:21)

A. 파괴된 언약(11:1-17)

B. 예레미야 암살 음모(11:18-12:6)

C. 기업을 버리신 하나님(12:7-15:21)

Ⅴ. 경고, 권면, 좌절(16:!-20:18

A. 심판과 약속(16:1-21)

B. 경고와 권면(17:1-27)

C. 토기장이 방문(18:1-23)

D. 질그릇을 통한 교훈(19:1-15)

E. 선지자의 수치와 좌절(20:1-18)

Ⅵ. 비난과 심판(21:1-25:38)

A. 임박한 유다 멸망(21:1-14)

B. 왕들에 대한 선포(22:1-23:8)

C. 거짓 선지자 비난(23:9-40)

D. 무화과 두 바구니(241:10)

E. 하나님의 분노(25:1-38)

Ⅶ. 거짓 메신저들(26:1-29:32)

A. 성전 설교와 반응(26:1-24)

B. 여호와의 멍에(27:1-28:17)

C. 포로민들에게 보낸 편지(29:1-32)

Ⅷ. 회복에 대한 소망(30:1-33:26)

A. 회복 약속(30:1-24)

B. 새 언약(31:1-40)

C. 땅을 사는 예레미야(32:1-44)

D. 회복 약속(33:1-26)

Ⅸ. 주전 605년-586년의 사건과 메시지(34:1-39:18)

A. 배신과 신실함(34:1-35:19)

B. 선지자의 책을 찢는 여호야김(36:1-32)

C. 수감된 예레미야(37:1-21)

D. 물저장 탱크에 갇힌 선지자(38:1-28)

E. 바빌론의 손에 함락된 예루살렘(39:1-18)

Ⅹ. 예루살렘 함락 이후의 일(40:1-45:5)

A. 예레미야 석방(40:1-6)Ⅳ

B. 불안한 정세와 그달랴 암살(40:7-41:18)

C. 듣기를 거부하는 백성(42:1-43:7)

D. 이집트에서 선포된 메시지(43:8-45:5)

Ⅺ. 열방에 대한 심판 선언(46:1-51:64)

A. 이집트(46:1-28)

B. 블레셋(47:1-7)

C. 모압(48:1-47)

D. 암몬(49:1-6)

E. 에돔(49:7-22)

F. 다마스쿠스(49:23-27)

G. 아랍 족속들(49:28:33)

H. 엘람(49:34-39)

I. 바빌론(50:1-51:64)

Ⅻ. 역사적인 자료 추가(52:1-34)

A. 시드기야의 최후(52:1-11)

B. 예루살렘 파괴(52:12-27)

C. 포로들의 숫자(52:28-30)

D. 여호야긴의 자유(52:31-34)

# 제1주 택하심과 맡기심

**예레미야 1:1–16**

## 학습목표

하나님은 사람을 택하시고 일을 맡기신다는 것을 알 수 있다.

KEYWORD **소명, 관계, 순종**

## Ⅰ. 찬양과 기도

## Ⅱ. 복습문제 풀이

### 복습

**1** 예레미야가 사역할 시기 유대인들은 세 곳에 공동체를 형성하고 살았는데 그 장소는 어디인가?

유다, 이집트, 바빌론

## Ⅲ. 말씀 예레미야 1:1–16을 다 함께 읽는다

1:1 베냐민 땅 아나돗의 제사장들 중 힐기야의 아들 예레미야의 말이라 2 아몬의 아들
유다 왕 요시야가 다스린 지 십삼 년에 여호와의 말씀이 예레미야에게 임하였고 3 요
시야의 아들 유다의 왕 여호야김 시대부터 요시야의 아들 유다의 왕 시드기야의 십일
년 말까지 곧 오월에 예루살렘이 사로잡혀 가기까지 임하니라

4 여호와의 말씀이 내게 임하니라 이르시되

5 내가 너를 모태에 짓기 전에 너를 알았고
네가 배에서 나오기 전에 너를 성별하였고
너를 여러 나라의 선지자로 세웠노라

하시기로 6 내가 이르되

슬프도소이다 주 여호와여
보소서 나는 아이라 말할 줄을 알지 못하나이다 하니

7 여호와께서 내게 이르시되

너는 아이라 말하지 말고
내가 너를 누구에게 보내든지 너는 가며
내가 네게 무엇을 명령하든지 너는 말할지니라
8 너는 그들 때문에 두려워하지 말라
내가 너와 함께 하여 너를 구원하리라
나 여호와의 말이니라

하시고 9 여호와께서 그의 손을 내밀어 내 입에 대시며 여호와께서 내게 이르시되

보라 내가 네 말을 네 입에 두었노라
10 보라 내가 오늘 너를 여러 나라와 여러 왕국 위에 세워
네가 그것들을 뽑고 파괴하며 파멸하고 넘어뜨리며
건설하고 심게 하였느니라 하시니라

11 여호와의 말씀이 또 내게 임하니라 이르시되 예레미야야 네가 무엇을 보느냐 하시
매 내가 대답하되 내가 살구나무 가지를 보나이다 12 여호와께서 내게 이르시되
네가 잘 보았도다 이는 내가 내 말을 지켜 그대로 이루려 함이라
하시니라 13 여호와의 말씀이 다시 내게 임하니라 이르시되 네가 무엇을 보느냐 대답
하되 끓는 가마를 보나이다 그 윗면이 북에서부터 기울어졌나이다 하니 14 여호와께서
내게 이르시되

재앙이 북방에서 일어나 이 땅의 모든 주민들에게 부어지리라
15 내가 북방 왕국들의 모든 족속들을 부를 것인즉
그들이 와서 예루살렘 성문 어귀에 각기 자리를 정하고
그 사방 모든 성벽과 유다 모든 성읍들을 치리라 여호와의 말이니라
16 무리가 나를 버리고 다른 신들에게 분향하며

자기 손으로 만든 것들에 절하였은즉
내가 나의 심판을 그들에게 선고하여
그들의 모든 죄악을 징계하리라

## Ⅳ. 관찰문제의 바른 답

### 말씀 돋보기(관찰)

**1** 하나님이 예레미야를 선지자로 세우신 것은 언제인가?(1:2-5)

모태에서 세우심을 받았다.

Tip 예레미야의 소명은 하나님의 '내가 너를 모태에 짓기 전에 너를 알았고, 배에서 나오기 전에 너를 성별하였고, 너를 여러 나라의 선지자로 세웠노라'(5절) 말씀으로 시작한다. 예레미야는 요시아 14년에 선지자의 소명을 받았다. 예레미야의 소명은 하나님의 택하심에서 시작되었다. 하나님이 예레미야를 '아셨다'는 것은 매우 관계적인 표현이며 두 가지를 의미한다. 먼저 하나님이 그를 직접 택하셨다는 것, 그리고 하나님이 그를 지키시고 보호하신다는 것이다. 또한 예레미야가 태어나기도 전에 하나님이 그를 아셨다는 것은 선지자에 대한 하나님의 소유권과 지배권을 표현한다. 하나님은 예레미야에게 그를 소유하고 지배하는 분으로 자신을 소개하신다. 예레미야 1:5 말씀은 시편 139편과 함께 낙태반대자들이 주로 사용하는 성경말씀이다.

**2** 소명을 받은 예레미야가 하나님의 부르심에 대해 제기하는 두 가지 문제는 무엇인가?(1:6)

a) 자신은 하나님의 부르심을 받아들이기에 너무 어리다.

b) 자신은 사람들 앞에서 여호와를 대변하기에 언어 실력이 부족하다.

Tip 소명을 받은 예레미야는 두 가지 개인적인 이유를 들어 하나님의 부르심이 적절한지에 대해 문제를 제기했다(6절). 첫째, 자신은 하나님의 부르심을 받아들이기에 너무 어리다는 것(cf. 솔로몬, 왕상3:7), 둘째, 자신은 사람들 앞에서 여호와를 대변하기에는 언어 실력이 부족하다는 것(cf. 모세, 출4:10). 예레미야는 하나님의 계획이 잘못되었다고 반론하는 것이 아니다. 예레미야는 자신이 주께서 맡기고자 하시는 선지자 사역을 감당하기에는 너무 부족한 점이 많다는 것을 안타까워할 뿐이다.

**3** 하나님께서 예레미야의 염려를 들으신 후, 그에게 약속하시는 두 가지의 보장은 무엇인가?(1:7-8)

a) 너에게 할 말을 주리라.

b) 너와 함께하여 너를 구원하리라.

**Tip** 하나님은 예레미야에게 가라고 명령하며 두 가지를 약속하신다. 첫째, 내가 너에게 할 말을 주리라(cf. 17절). 둘째, 내가 너와 함께하여 너를 구원하리라. 선지자의 임무는 하나님이 자기에게 주신 말씀을 가서 전하는 것이다. 선지자가 스스로 말을 만들어낼 필요는 없다. 선지자는 그에게 주어진 하나님의 말씀만 전하면 된다. 그러나 말씀을 전하는 일에는 많은 어려움과 핍박이 따른다. 그래서 하나님은 선지자에게 구원(보호)을 보장하신다. 어렵고 힘든 순간은 있겠지만 하나님이 절대 그를 떠나지도 않고 죽게 내버려 두지도 않을 것을 약속하신다.

**4** 하나님은 예레미야가 선지자로서 해야 할 일을 두 가지로 말씀하는데 그것은 무엇인가?(1:10)

a) 파괴사역: 뽑고, 파괴하며, 파멸하고, 넘어뜨리고.

b) 창조사역: 건설하고, 심고.

**Tip** 하나님은 예레미야에게 선지자로서의 소명을 설명하셨다. "보라 내가 오늘 너를 여러 나라와 여러 왕국 위에 세워 네가 그것들을 뽑고 파괴하며 파멸하고 넘어뜨리며 건설하고 심게 하였느니라"(10절). 소명을 묘사하는 여섯 개의 동사는 두 부분으로 나뉜다.

첫째, '뽑다', '파괴하다', '파멸하다', '넘어뜨리다' 는 이스라엘 뿐만 아니라 열방에도 심판을 선언해 이 세상에 존재하는 그 어떤 왕국, 정권, 권세도 여호와를 대적할 만한 세력을 형성하지 못할 것이라고 경고한다. 하나님은 예레미야에게 파괴하는 사역을 주문하시는 것이다.

둘째, '건설하다', '심다' 는 하나님이 언제 어느 곳이든지 새로운 창조를 이루어 낼 수 있으며, 어떠한 비관적인 상황도 긍정적인 상황으로 순식간에 전환하실 수 있다는 것을 선언한다.

**5** 예레미야가 본 두 가지 환상은 무엇이며, 그것은 무엇을 의미하는가?(1:11-16)

a) 아몬드 나무 환상

의미: 하나님의 심판이 신속하게 임할 것이다.

b) 물이 팔팔 끓는 솥

의미: 하나님의 심판이 매우 혹독할 것이다.

---

**Tip** 첫째 환상은 아몬드 나무 환상이다(11-12절). 우리말로 '살구나무'(개역개정, 새번역) 혹은 '감복숭아'(공동)로 번역된 이 나무는 아몬드 나무이다. 아몬드 나무는 이른 봄(우리 달력으로는 1월 말에서 2월에도 꽃이 핌)에 꽃이 피기 때문에 겨울을 '깨우는 나무'로 불리기도 한다. 하나님은 아몬드 나무의 환상을 통해 두 가지 메시지를 주신다. 먼저 이른 봄이면 아몬드 가지에 꽃이 필 것을 확신할 수 있듯이 하나님의 심판도 신속하고 '꽃이 필 것'을 확신하라는 것이다. 주의 백성에 대한 여호와의 심판이 피할 수 없을 뿐만 아니라 매우 임박했다는 것을 강조한다. 다음으로 지난 수백 년 동안 여러 선지자들이 경고한 하나님의 심판이 드디어 자기 백성에게 성취되어가는 것을 그분이 지켜볼 것이라고 선언하신다.

두 번째 환상은 물이 팔팔 끓는 솥이다(13-16절). '솥'으로 번역된 히브리어는 발을 씻기 위해 물을 담은 세숫대야를 뜻하기도 한다(cf. 시60:8). 본문에서는 '솥' 이미지가 아닌, 뜨거운 물이 넘치는 방향이 강조되고 있다. 이 두 번째 환상은 더 구체적으로 주의 백성에게 처할 암울한 미래를 암시한다. 끓는 물로 가득한 솥은 하나님의 심판이 매우 임박해 있다는 것(viz., 폭발/넘치기 일보 직전)과 앞으로 주님께서 바빌론 왕 느부갓네살을 통해 유다에게 내리실 혹독한 심판을 상징한다. 솥이 북쪽에서 남쪽으로 기울어져 있다는 것은 유다를 데게 할 여호와의 '끓는 물'이 북쪽으로부터 올 것임을 예고하고 있다.

## V. 적용과 나눔

### 삶의 내비게이션(적용)

**1** 소명을 받은 예레미야는 자신의 부족함을 고백한다. 우리도 하나님의 부르심을 받기에는 너무도 부족한 점이 많다. 당신이 과거에 어떤 직책이나 소명을 받았을 때 어리다고 느끼거나 부족하다고 느꼈던 것은 무엇이 있었는가?

관찰문제 2, 3번 참고. 소명을 받은 예레미야가 자신의 부족함을 고백하는 것을 우리는 충분히 이해 할 수 있다. 우리 중에 몇 명이나 충분히 준비된 상황에서 사역을 시작하겠는가? 사역자로 부름을 받은 사람은 항상 자신이 모자라고 부족하다고 생각한다. 그러나 부족함을 느끼면서도 하나님이 채워 주실 것을 기대하며 사역을 시작한다. 하나님이 사역 가운데 부족한 부분을 채워 주시는 것을 경험하면서 우리는 기쁨을 누리기 때문이다. 사역자들에게 중요한 것은 사역을 잘 할 수 있는 재능과 능력이 아니라 시간(삶)을 헌신하는 순종이다. 각자가 과거에 어떤 직책이나 소명을 받았을 때 어리다고 느끼거나 부족하다고 느꼈던 부분에 대해 이야기를 나누어 보도록 한다. 아직도 부족하다고 느끼는 것에 대해서도 말해 보도록 한다.

**2** 이스라엘이 멸망하게 된 가장 큰 이유는 신학적인 어리석음과 영적인 무모함 때문이었다. 당신의 삶에서 '뽑고 파괴하며 파멸하고 넘어뜨려야' 하는 부분과 '건설하고 심어야' 하는 부분은 각각 어떤 것이 있는가?

관찰문제 4번 참고. 하나님은 예레미야에게 파괴하는 사역을 요구 하는데 이

것은 이스라엘의 영적인 무지와 무모함 때문이다. 예레미야의 소명은 주의 백성이 뽑히고 나면 다시 심어지는 날이 올 것이요, 파괴되고 나면 다시 재건하고 건설하는 날이 올 것을 선포하는 것이다. 예레미야 뿐만 아니라 대부분의 선지자들도 심판(파괴) 뒤에 임하는 회복(재건)을 선언한다. 하나님이 선지자들에게 주신 메시지는 주의 백성에게 여호와의 심판이 임할 것이라는 경고뿐만 아니라 심판 후에 회복이 뒤따를 것이라는 메시지도 포함되어 있다. 각자의 삶에서 '뽑고 파괴하며 파멸하고 넘어뜨려야' 하는 부분에 대해 이야기를 나누어 보도록 한다. 자신의 고집을, 가치관을, 오랜 습관을, 잘못된 생각이나 행동을 뽑아야 하고, 넘어뜨려야 할 것이다. 다음으로 '건설하고 심어야' 하는 부분에 대해서도 이야기를 나누어 보도록 한다. 경건을 회복해야 하고, 말씀을 마음 밭에 심어야 하며, 믿음의 주춧돌을 놓고 건설해야 할 것이다. 각자가 필요한 부분에 대해 서로 말하는 시간을 갖도록 한다. 인도자는 자신의 의견을 주장하는 입장이 아니라 이야기를 편하게 할 수 있도록 돕는 역할을 한다.

**3** 예레미야의 사역은 성공보다는 순종이 중요하다. 당신의 사역에 중요하다고 생각하는 것은 무엇인가?

관찰문제 1번 참고. 예레미야의 소명장은 하나님의 종들에게 존재성(being)과 기능성(doing)의 관계에 대해 말하고 있다. 하나님을 위해 무엇을 하는 것(doing)보다 그 분과의 인격적인 만남과 관계 유지(being)가 우선이다. 사역자로 부르심을 받은 사람들은 하나님의 일을 하느라 바빠서 하나님과의 관계를 등한시 하는 실수를 범하지 않도록 조심해야 한다. 또한 실패를 해도 좋으니 순종하려는 삶을 살아야 한다. 하나님이 원하시는 것은 우리의 재능이 아니라 순종이라는 사실을 명심해야 한다. 자신을 바라보지 말고, 하나님을 바라봐야 한다. 무엇을 하는 것(doing)보다 하나님과의 관계 유지(being)가 먼저이다. 각자가 사역에서 중요하다고 생각하는 것에 대해 이야기를 나누어 보도록 한다. 그리고 예레미야서에서 말하는 사역의 중요성에 대해 생각해 보고 앞으로의 사역의 방향에 대해서도 말해 보도록 한다.

사역은 하나님의 일, 교회 일에 국한된 것이 아니라 가정, 직장, 학교 등 각자가 소속되어 있는 모든 공동체에서의 일을 포함한다.

## Ⅵ. 마무리

기도로 마무리한다.
제2주 관찰문제를 예습해 오도록 한다.
실천과제를 제시한다.

### 생활의 아로마(실천)

예 1) 일주일 동안 하나님을 위해 무엇을 하기 보다 하나님과의 관계를 누리고 즐기도록 한다.
2) 결과에 연연하지 않고 무조건 순종하도록 한다.
3) 자기의 게으름, 무책임을 무마하려고 부족하다거나 어리다고 핑계대지 않도록 점검 한다.

# 제2주 생수냐? 쓴물이냐?

**예레미야 2:9-25**

## 학습목표

우상숭배의 어리석음은 생수의 근원을 버리고 터진 웅덩이를 파는 것과 같다는 사실을 알 수 있다.

KEYWORD **영원, 우상숭배, 중독**

## Ⅰ. 찬양과 기도

## Ⅱ. 지난주 실천과제 나눔

## Ⅲ. 복습문제 풀이

### 복습

**1** 하나님이 예레미야를 선지자로 세우신 것은 언제인가?(1:2-5)

모태에서 세우심을 받았다.

## Ⅳ. 말씀 예레미야 2:9-25을 다 함께 읽는다

2:9 그러므로 내가 다시 싸우고
너희 자손들과도 싸우리라 여호와의 말씀이니라

10 너희는 깃딤 섬들에 건너가 보며
게달에도 사람을 보내 이같은 일이 있었는지를 자세히 살펴보라
11 어느 나라가 그들의 신들을 신 아닌 것과 바꾼 일이 있느냐
그러나 나의 백성은 그의 영광을 무익한 것과 바꾸었도다
12 너 하늘아 이 일로 말미암아 놀랄지어다
심히 떨지어다 두려워할지어다
여호와의 말씀이니라
13 내 백성이 두 가지 악을 행하였나니
곧 그들이 생수의 근원되는 나를 버린 것과
스스로 웅덩이를 판 것인데
그것은 그 물을 가두지 못할 터진 웅덩이들이니라
14 이스라엘이 종이냐 씨종이냐
어찌하여 포로가 되었느냐
15 어린 사자들이 그를 향하여 부르짖으며
소리를 질러 그의 땅을 황폐하게 하였으며
그의 성읍들은 불타서 주민이 없게 되었으며
16 놉과 다바네스의 자손도 네 정수리를 상하였으니
17 네 하나님 여호와가 너를 길로 인도할 때에
네가 그를 떠남으로 이를 자취함이 아니냐
18 네가 시홀의 물을 마시려고
애굽으로 가는 길에 있음은 어찌 됨이며
또 네가 그 강물을 마시려고
앗수르로 가는 길에 있음은 어찌 됨이냐
19 네 악이 너를 징계하겠고
네 반역이 너를 책망할 것이라
그런즉 네 하나님 여호와를 버림과
네 속에 나를 경외함이 없는 것이 악이요 고통인 줄 알라
주 만군의 여호와의 말씀이니라
20 네가 옛적부터 네 멍에를 꺾고
네 결박을 끊으며 말하기를

나는 순종하지 아니하리라 하고
모든 높은 산 위에서와
모든 푸른 나무 아래에서
너는 몸을 굽혀 행음하도다
21 내가 너를 순전한 참 종자
곧 귀한 포도나무로 심었거늘
내게 대하여 이방 포도나무의
악한 가지가 됨은 어찌 됨이냐
22 주 여호와의 말씀이니라
네가 잿물로 스스로 씻으며
네가 많은 비누를 쓸지라도
네 죄악이 내 앞에 그대로 있으리니
23 네가 어찌 말하기를 나는 더럽혀지지 아니하였다
바알들의 뒤를 따르지 아니하였다 하겠느냐
골짜기 속에 있는 네 길을 보라
네 행한 바를 알 것이니라
발이 빠른 암낙타가 그의 길을
어지러이 달리는 것과 같았으며
24 너는 광야에 익숙한 들암나귀들이
그들의 성욕이 일어나므로 헐떡거림 같았도다
그 발정기에 누가 그것을 막으리요
그것을 찾는 것들이 수고하지 아니하고 그 발정기에 만나리라
25 내가 또 말하기를
네 발을 제어하여 벗은 발이 되게 하지 말며
목을 갈하게 하지 말라 하였으나
오직 너는 말하기를
아니라 이는 헛된 말이라
내가 이방 신들을 사랑하였은즉
그를 따라 가겠노라 하도다

## V. 관찰문제의 바른 답

### 말씀 돋보기(관찰)

**1** 하나님이 이스라엘과 다시 싸우시는 이유는 무엇인가?(2:9-11)

이스라엘이 하나님을 버리고 무익하고 헛된 것을 좇았기 때문에

Tip 이스라엘이 그들의 하나님 여호와를 버리고 무익하고 헛된 것을 좇았기 때문에 하나님은 '다시 싸우고….자손들과도 싸우리라' 하시면서 더 이상 참지 않을 것을 선언하신다(9절). '다시 싸우다'의 가장 적절한 표현은 '다시 법대로 처리하겠다'이다. 선지서에서 가장 두려운 말씀 중 하나가 '법대로 처리하다'이다. 왜냐하면 하나님이 자비와 용서를 멈추고 법대로 처리하시면 살아남을 사람이 없기 때문이다. 그동안 하나님은 주의 백성을 법에 따라 엄격하게 대하지 않고 자비와 긍휼로 대하셨지만, 이제부터는 법에 따라 그들을 엄하게 심판하시겠다는 의미이다. 그 이유는 주의 백성이 하나님의 은혜와 자비를 남용하는 것도 모자라 노골적으로 하나님께 등을 돌리고 우상을 좇았기 때문이다.

**2** 이스라엘이 행한 두 가지 악은 무엇인가?(2:13)

a) 생수의 근원을 버린 것

b) 터진 웅덩이를 판 것

Tip 이스라엘이 여호와를 버리고 우상을 선택한 것은 마치 생수의 근원을 버리고 물을 저장할 수도 없는 터진 웅덩이(깨어진 저장탱크)를 판 것과 다름없다(13절). 주의 백성이 하나님을 버리고 우상들을 따른 것은 스스로 생명을 버리고 죽음을 택한 것과 비교될 수 있다. 가나안 사람들은 땅에 깊은 구덩이를 파고 구덩이 벽에 석회나 진흙을 발라 물 저장탱크로 사용했다. 건기 때면 다음 우기에 빗물을 저장하기 위해 벽에서 흘러내린 진흙을 다시 발라 주어야 했다. 구덩이 탱크에 금이 가면 물이 새어 나가는데 가나안 지역은 지진이 자주 있는 곳이라 물탱크에는 굉장히 많

은 노동력이 필요했다. 사시사철 생수가 넘치는 샘을 버리고 우기 때 받아 놓은 물이 새어 나가는 깨어진 물탱크를 선호하는 사람은 아무도 없다. 이스라엘이 하나님을 버리고 우상을 따른 것은 바로 이와 같은 모습이다.

**3** 이스라엘이 이집트와 아시리아에 도움을 청한 외교적 상황을 어떻게 묘사하고 있는가?(2:18)

목마른 자가 물을 찾는 것으로 묘사

**Tip** 이스라엘이 '이집트의 물을 마시려고 시홀로 향했다'(18절). 이스라엘이 당면한 정치적 어려움을 외교적으로 해결하려고 먼저 이집트에게 도움을 청했다는 뜻이다. 이스라엘은 이집트의 도움(나일 강물)을 나누어 달라고 이집트에 손을 벌렸다. 이집트가 도움이 되지 않자 이스라엘은 아시리아를 향해 손을 펼쳤다(18b절). 자유를 얻기 위해 이집트에 도움을 청했지만 오히려 그들의 노예가 되어버린 이스라엘이 이번에는 아시리아에게 도움을 청했지만 결과는 같았다. 바라는 것은 하나도 얻지 못하고 아시리아의 종으로 전락한다. 예레미야 시대에 주의 백성이 경험하는 국제적인 어려움과 억압은 정치적인 것이 아니라 종교적인 것(viz., 여호와께 등을 진 것)에서 비롯된 비극이었다. 어려운 상황에 처한 이스라엘이 그동안 그들을 가슴에 품어 적들로부터 보호하고 인도하신 하나님을 버린 것은 매우 어리석은 결정이었다. 그들은 '생수의 근원'이신 여호와를 버리고 '깨어진 물탱크'를 찾은 어리석음을 행하고 있다.

**4** 우상에 중독된 유다를 표현하는 네 가지 비유는 무엇인가?(2:20–24)

a) 멍에를 부숴버린 소

b) 잡종이 된 포도나무

c) 지워지지 않는 얼룩

d) 통제가 불가능한 짐승들–발이 빠른 암낙타와 발정기를 맞은 야생 암나귀

**Tip** 네 가지의 4라는 숫자는 만수로 총체적인 중독을 의미한다.

첫번째 비유는 이스라엘을 멍에로 멘 소에 표현한다. 과거 이집트 노예 생활에서 억압의 멍에를 부수고 그들에게 메어준 '거룩한 멍에'를 이스라엘이 부숴 버린 것이다.

두번째 비유는 한때는 좋았지만, 세월이 지니면서 변질되어 버린 포도나무이다.

세번째 비유는 많은 죄를 범한 이스라엘이 자신들의 죄를 씻어내고 정결해지려고 나름의 노력을 했다. 그러나 그들이 아무리 '잿물로 스스로 씻으며 많은 비누를 쓸지라도' 죄악이 하나님 앞에 그대로 남아 있다. 죄는 지은 사람이 스스로 해결할 수 있는 문제가 아니다. 하나님이 해결해 주시지 않으면 결코 해결되지 않는다. 왜냐하면 죄의 뿌리는 우리 안에 있는데, 인간은 외적인 해결만 추구하기 때문이다.

네번째 비유는 하나님의 동반자가 되기를 거부하고 우상을 따라 나섰던 이스라엘은 자신들의 죄를 부인한다(23절). 그러나 하나님의 눈에 비추어진 그들의 모습은 마치 발이 빠른 암낙타와 같고(23절), 발정기를 맞은 야생 암나귀와 같다(24절). 두 짐승의 비유는 이스라엘이 바알을 숭배하는 정황을 매우 효과적이고 적나라하게 묘사한다. 발정기를 맞은 암나귀 비유는 이스라엘은 성욕이 채워질 때까지 그저 헐떡거리고 상대를 찾아 나서는 들짐승과 같다는 의미이다. 발정기를 맞은 암나귀는 상대를 가리지 않는다. 그러므로 암나귀 비유는 적극적으로 우상을 찾아 나서는 이스라엘의 모습을 매우 생생하게 묘사하고 있다.

**5** 이방신들에게 중독된 이스라엘의 모습은 어떻게 표현되고 있는가? (2:25)

수치를 아랑곳하지 않고 벌거벗은 체 맨발로 들과 산을 돌아다니며 연인을 찾는 바람난 여자

**Tip** 우상에 중독된 이스라엘은 제정신이 아니다. 수치를 아랑곳하지 않고 벌거벗은 체 맨발로 들과 산을 돌아다니며 연인을 찾는 바람난 여자와 같다. 극심한 갈증도 그녀를 막을 수 없다(25절). 이방신들에게 중독된 이스라엘의 모습이다. 하나님은 어떻게든 이스라엘을 진정시키고 돌이키

게 하려고 온갖 노력을 아끼지 않으셨지만 헛수고였다. 이미 우상에게 영혼을 판 사람들은 어떤 말도 듣지 않았다. 이스라엘은 오히려 하나님의 권면이 헛된 것이라며 더 우상을 찾았다(25절). 하나님은 수많은 선지자들을 자기 백성에게 보내어 돌아올 것을 호소했지만, 그들은 돌아오기는 커녕 오히려 더 확고한 의지로 우상을 좇았다는 뜻이다.

우상숭배(간음)의 발달(극심)과정의 특징은 다음과 같다. 신실하지 못한 아내→몸을 파는 창녀→이방 포도→성욕에 사로잡힌 발정기 들짐승으로 점진적인 진행을 보여주고 있다. 이것은 점점 생각에서 행동으로, 이성적에서 감각적으로, 소극적에서 적극적으로 점차적으로 변해가는 것을 보여준다.

## Ⅵ. 적용과 나눔

### 삶의 내비게이션(적용)

**1** 과거에는 소중하고 중요하게 생각했던 것들 중 신앙의 연륜이 늘어나면서 바뀐 것들은 무엇이 있는가?

관찰문제 2번 참고. 이스라엘이 그들의 하나님을 버리고 무익하고 헛된 것을 좇는 것은 세상 누구도 이해할 수 없는 어이없는 일이다. 선지자는 이스라엘의 우상숭배와 사회적 타락이 어제 오늘 만의 일이 아니라, 조상 때부터 이때까지 자손 대대로 내려온 고질병이라고 지적한다. 하나님을 믿는 것이 너무도 소중하고 중요하게 생각했던 이스라엘이 시간이 지나면서 하나님을 버리고 헛된 우상을 좇는 것은 이스라엘의 오랜 고질병이다. 당신이 과거에는 중요하게 생각했던 것이 신앙의 연륜이 늘어나면서 바뀐 것은 무엇이 있는지 이야기를 나누어 보도록 한다. 예를 들면 과거에는 예배가 너무 소중해서 지각하지 않았는데, 이제는 늦어도 하는 수 없지 하면서 지각을 한다. 과거에는 새 돈만 보면 헌금하려고 따로 관리했는데, 이제는 지갑에서 집히는 대로 한다. 반대로 과거에는 하찮은 것이라고 생각했던 것이 지나고 보니까 값어치 있고 중요한 것은 무엇이 있는가 이야기를 나누어 보도록 한다. 예를 들면, 어릴 때는 부모의 사랑이 그렇게 크고 중요한지 몰랐는데 나이가 들어 부모가 되고, 부모님을 저 세상에 보내고 나니 새삼 중요성을 느낀다.

**2** 그리스도인도 우상숭배에서 자유롭지 못하다. 현재 당신을 유혹하는 우상은 무엇인가?

관찰문제 5번 참고. 하나님은 어떻게든 우상숭배에 빠진 이스라엘을 진정시키고 돌이키게 하려고 온갖 노력을 아끼지 않았다. 하지만 모두 헛수고였다. 이미 우상에게 영혼을 판 사람들은 어떤 말도 듣지 않았다. 이스라엘은 오히려 하나님의 권면이 헛된 것이라며 더 우상을 찾았다(25절). 하나님이 수많은 선지자들을 자기 백성에게 보내어 돌아올 것을 호소했지만, 그들은 돌아오기는커녕 오히려 더 확고한 의지로 우상을 좇았다. 현재를 살아가는 그리스도인 역시 우상숭배에서 자유롭지 못하다. 각자가 현재 가장 유혹이 되는 우상은 무엇이 있는지 이야기를 나누어 보도록 한다. 음식을 놓치지 않은 경우, 핸드폰을 손에서 놓지 못하는 경우, 무슨 일만 생기면 점집을 찾아가는 경우 등 각자가 유혹에 넘어지지 않기 위해 필요한 것에 대해서도 이야기 나누어 보도록 한다.

**3** 이스라엘의 우상 중독의 시작은 경건하지 못한 생각에서부터 시작되었다. 당신의 삶에서 제거해야 하는 경건하지 못한 것은 무엇이 있는가?

관찰문제 4, 5번 참고. 우상숭배자들은 신실하지 못한 아내→몸을 파는 창녀→이방 포도→성욕에 사로잡힌 발정기 들짐승, 점차적으로 심화된 모습을 보여준다. 이스라엘의 우상 중독이 그를 성욕에 불타는 암나귀로 몰락시킨 것이다. 우상숭배자들은 생각에서 행동으로, 이성적에서 감각적으로, 소극적에서 적극적으로 점진적으로 변해가는 것을 보여준다. 각자가 제거해야 하는 경건하지 못한 것은 무엇이 있는지 이야기를 나누어 보도록 한다. 경건하지 못한 생각, 말투, 습관, 생활, 친구들 등등.

## Ⅶ. 마무리

기도로 마무리한다.
제3주 관찰문제를 예습해 오도록 한다.
실천과제를 제시한다.

### 생활의 아로마(실천)

예 1) 중독은 사소한 생각에서 시작된다. 자신을 돌아보고 중독 과정에 있는지 점검해 보도록 한다.
2) 무엇이 영원하고, 무의미한지에 대해 생각하는 시간을 갖도록 한다.

# 제3주 회개는 행동으로!

예레미야 4:1-12

## 학습목표

회개는 고백이 아니라 행동의 변화로 이어져야 한다는 사실을 알 수 있다.

KEYWORD **회개, 마음의 할례, 거짓 평안**

## Ⅰ. 찬양과 기도

## Ⅱ. 지난주 실천과제 나눔

## Ⅲ. 복습문제 풀이

### 복습

1 이스라엘이 행한 두 가지 악은 무엇인가?(2:13)

a) 생수의 근원을 버린 것

b) 터진 웅덩이를 판 것

## Ⅳ. 말씀 예레미야 4:1-12을 다 함께 읽는다

4:1 여호와께서 이르시되 이스라엘아

네가 돌아오려거든 내게로 돌아오라
네가 만일 나의 목전에서 가증한 것을 버리고
네가 흔들리지 아니하며
2 진실과 정의와 공의로 여호와의 삶을 두고 맹세하면
나라들이 나로 말미암아 스스로 복을 빌며
나로 말미암아 자랑하리라
3 여호와께서 유다와 예루살렘 사람에게 이와 같이 이르노라
너희 묵은 땅을 갈고
가시덤불에 파종하지 말라
4 유다인과 예루살렘 주민들아
너희는 스스로 할례를 행하여
너희 마음 가죽을 베고 나 여호와께 속하라
그리하지 아니하면 너희 악행으로 말미암아
나의 분노가 불 같이 일어나 사르리니
그것을 끌 자가 없으리라
5 너희는 유다에 선포하며
예루살렘에 공포하여 이르기를 이
땅에서 나팔을 불라 하며
또 크게 외쳐 이르기를 너희는 모이라
우리가 견고한 성으로 들어가자 하고
6 시온을 향하여 깃발을 세우라, 도피하라, 지체하지 말라,
내가 북방에서 재난과 큰 멸망을 가져오리라
7 사자가 그 수풀에서 올라왔으며
나라들을 멸하는 자가 나아 왔으되
네 땅을 황폐하게 하려고 이미 그의 처소를 떠났은즉
네 성읍들이 황폐하여 주민이 없게 되리니
8 이로 말미암아 너희는 굵은 베를 두르고 애곡하라
이는 여호와의 맹렬한 노가
아직 너희에게서 돌이키지 아니하였음이라
9 여호와의 말씀이니라

그 날에 왕과 지도자들은 낙심할 것이며
제사장들은 놀랄 것이며
선지자들은 깜짝 놀라리라

10 내가 이르되 슬프도소이다 주 여호와여 주께서 진실로 이 백성과 예루살렘을 크게
속이셨나이다 이르시기를 너희에게 평강이 있으리라 하시더니 칼이 생명에 이르렀나
이다

11 그 때에 이 백성과 예루살렘에 전할 자가 있어서
뜨거운 바람이 광야에 있는 헐벗은 산에서
내 딸 백성에게 불어온다 하리라
이는 키질하기 위함도 아니요 정결하게 하려 함도 아니며
12 이보다 더 강한 바람이 나를 위하여 오리니
이제 내가 그들에게 심판을 행할 것이라

### 건너뛴 장 내용 요약

3장 선지자의 호소: 돌아오라!

## V. 관찰문제의 바른 답

### 말씀 돋보기(관찰)

**1** 이스라엘이 하나님께로 돌아와 지난 일을 회개하고 정리한 다음 해야 하는 일은 무엇인가?(4:2)

여호와의 삶을 두고 진실과 정의와 공의로 맹세해야 한다.

**Tip** 이스라엘이 하나님께 돌아와 지난 일을 모두 회개하고 정리한 다음에는 여호와의 삶을 두고 진실과 정의와 공의로 맹세해야 한다. 맹세는 꼭 실천하겠다는 약속이다. 동사 '맹세하다'는 매우 강력한 언어이다. 여호와의 삶을 두고 맹세한다는 것은 하나님이 실제로 존재하신다는 것과 맹세한 내용에 하나님을 개입시킨다는 의미이다. 만일 맹세한 내용이 사실이

아니면 하나님이 맹세한 사람을 벌하실 수도 있다. 함부로 맹세하지 말라고 성경이 말하는 것도 그 때문이다. '진실'은 믿고 신뢰할 만한 것을 뜻한다. '정의'는 공평함을 강조하는 개념이다. '공의'는 진실함으로 가장 중요하게 여기는 개념이며 공동체에 속한 사람들은 이런 자세로 다른 멤버들을 대해야 한다. 이 세 가지는 하나님의 가장 기본적이고 중요한 성품이다. 회개한 사람들은 모든 면에서 하나님을 닮아가려고 노력해야 하는데, 특별히 이 세 가지 성품을 더욱 닮아가려고 노력해야 한다는 의미이다. 여호와는 진실과 정의와 공의를 사랑하고 몸소 실천하시는 분이기 때문이다.

**2** 이스라엘이 회개하기 위해 먼저 갖추어야 하는 두 가지는 무엇인가? (4:3-4)

a) 갈고 파종하라

b) 마음에 할례를 행하라

**Tip**

진정한 회개는 외향적인 면과 내향적인 면을 겸비해야 한다.

첫째, 갈고 파종하라. 농부가 곡식을 파종하려면 먼저 묵은 땅을 갈아엎어 가시덤불과 잡초들을 제거해야 한다(3절). 이스라엘이 하나님께 돌아오려면 먼저 죄에 둔해진 마음(viz., 묵은 땅)을 갈아엎고 자신들의 삶에서 가시덤불(viz., 우상들)을 제거해야 한다. 하나님께 다가가는 것을 막고 있는 모든 올무와 걸림돌이 되는 우상들을 제거하라는 뜻이다. 우상을 제거하지 않는 한 절대 하나님을 섬길 수 없다. 이러한 일(땅을 갈아엎고 가시덤불을 제거하는 일)은 주변 사람들이 모두 볼 수 있는 외향적인 일이다.

둘째, 마음에 할례를 행해야 한다(4절). 마음에 할례를 행한다는 것은 사람이 자신의 사고와 가치관과 우선권 등 행동을 지배하는 모든 것을 하나님 중심으로 세운다는 뜻이다. 쉬운 일이 아니므로 이러한 일을 살을 찢고 피를 흘리는 육체적 할례에 비교한다. 마음의 할례는 개인만이 할 수 있는 내향적인 일이다.

**3** 주의 백성이 다가오는 심판에 저항하거나 피하려고 해도 소용이 없는 이유는 무엇인가?(4:6)

그 심판자가 하나님이기 때문이다.

Tip 유다 사람들이 다가오는 심판에 저항하거나 피하려고 해도 소용 없는 이유는 적들의 침략 때문이 아니라, 하나님이 북방에서 오는 침략자들을 사용해 자기 백성에게 '재앙과 큰 멸망'을 내리실 것이기 때문이다(6절). '재앙'은 하나님이 예레미야에게 북쪽에서 남쪽으로 기울어진 끓는 솥 환상을 보여주면서 이 환상이 북쪽에서 재앙이 올 것을 예고하는 것이라고 설명하실 때 사용한 단어이다(cf. 1:14). '큰 멸망'은 회생이 불가능할 정도로 완전히 파괴된 상황을 전제한다. 하나님이 파괴하셨기 때문이다.

**4** 몰려오는 침략자들을 표현하는데 사용된 이미지는 무엇인가?(4:7)

수풀에서 뛰어 나오는 사자

Tip 예레미야는 유다를 향해 북쪽에서 몰려오는 침략자들을 먹이를 덮치기 위해 '수풀에서 뛰어 나오는 사자'로 묘사한다(7절). 유다는 먹이를 덮치기 위해 점프한 사자와 같은 적들을 상대로 싸울 수 없으며, 사자가 먹잇감을 물어뜯듯이 적들이 그들을 일방적으로 물어뜯을 것이라는 사실을 강조하는 이미지이다. 더욱이 이 물어뜯는 사자 같은 적들을 보내신 분이 이스라엘의 왕 여호와라는 사실은 유다의 운명은 죽음일 뿐이라는 것을 암시한다(8절). 그러므로 나팔 소리를 들은 사람들은 즉시 피해야 한다. 그들을 죽이러 오는 자들이 이미 자기 처소를 떠나 유다를 향해 오고 있기 때문이다(7절).

**5** 이방 군대의 침략은 이스라엘 리더들과 백성들에게 어떤 반응을 불러일으켰는가?(4:9–12)

a) 리더: 놀랄 것이다.

b) 백성: 원망할 것이다

**Tip** 이방 군대의 이스라엘 침략이 초래한 심리적인 결과는 혼란과 당혹이다. 정치적 지도자들인 왕과 지도자들뿐만 아니라, 종교적 지도자들인 제사장들과 선지자들도 바빌론의 침략이 당혹스럽기는 마찬가지이다(9절). 그동안 이스라엘의 모든 리더들은 평안을 외쳐왔다(10절). 청중사이에는 이미 '예루살렘은 평안하리라'는 안일한 생각이 가득했다. 그러나 평안을 말하던 그들의 외침이 허위였음을 이방인들이 드러내기 시작했다. 그러므로 이방인들이 침략하자 '왕과 지도자들은 낙심할 것이며, 제사장들은 놀랄 것이며 선지자들은 깜짝 놀라리라'(9절). 그들이 전혀 예측하지 못했던, 아니 의도적으로 믿지 않으려고 했던 일이 벌어진 것이다. 그들 중 그 누구도 바빌론 침략에 대한 해결책을 제시하지 못한다. 정치적, 종교적 리더십이 해결할 수 없는 범국가적인 위기가 임한 것이다. 백성들은 어떻게 하나님이 [거짓] 선지자들을 용납하고 그들을 통해 하나님의 이름으로 '평안' 신탁을 지속적으로 선포하도록 내버려두셨냐는 원망을 하고 있다.

## Ⅵ. 적용과 나눔

### 삶의 내비게이션(적용)

**1** 유다 사람들은 예루살렘은 평안하다는 안일한 생각에 빠져 있다. 당신이 과거에 이것만은 안전하다고 여겼거나 설마했는데 막상 벌어진 일은 무엇이 있었는가?

관찰문제 5번 참고. 이스라엘의 모든 리더들은 평안을 외쳤다. 그러나 결과는 바빌론의 침략으로 평안을 말하던 그들의 외침이 허위였음이 드러났다. 그것은 죄의 결과를 몰라서가 아니라 설마하는 마음의 문제이다. 각자가 이것만은 안전하다고 여겼는데 막상 벌어진 일은 무엇이 있었는지 이야기를 나누어 보도록 한다. 음주 운전을 하는 사람들의 심리는 대체로 자신은 안전하다고, 술에 취하지 않았다고 생각한다. 신호 위반이나 무단횡단도 설마 했는데 사고로 이어지기도 한다. 각자의 경험을 나누어 보도록 한다.

2 주의 백성은 자신들의 삶에 진실, 정의, 공의가 깊이 뿌리 내리도록 노력해야 한다. 이 세 가지 중에 당신을 가장 힘들게 하는 것은 무엇인가?

관찰문제 1번 참고. '진실'은 믿고 신뢰할 만한 것을 뜻한다. '정의'는 공평함을 강조하는 개념이다. '공의'는 진실함으로 가장 중요하게 여기는 개념이며 공동체에 속한 사람들은 이런 자세로 다른 멤버들을 대해야 한다. 진실이 없는 자리에는 거짓만 성행한다. 정의가 그 자리를 잃으면 부정이 그 자리를 차지한다. 공동체에 공의가 사라지면 차별과 부패가 왕성해진다. 진실, 정의, 공의 이 세 가지 중에 각자가 가장 힘들어 하는 부분은 무엇인지 이야기를 나누어 보도록 한다. 진실은 있는데, 공의가 부족할 수 있고, 정의는 있는데 진실이 없을 수도 있다. 각자가 지금 상황에서 가장 힘든 부분에 대해 말해 보도록 한다.

3 주의 백성의 회개는 입으로만 고백하는 것이 아니라 삶에 획기적인 변화가 동반되어야 한다. 당신의 회개에는 어떤 변화가 필요한가?

관찰문제 2번 참고. 이스라엘은 그들에게 아무런 도움이 안 되는 가시덤불(우상)이 무성한 땅에 씨를 뿌리지 말고, 그동안 묵혀두었던 옥토(하나님과의 관계)를 갈아 그곳에 씨앗을 파종해야 한다(cf. 3절). 그들의 마음(사고, 의지의 상징)도 할례를 받아야 한다. 그렇다면 주의 백성은 입으로만 고백하는 것이 아니라 그들의 삶에 획기적인 변화가 동반되어야 한다. 각자의 회개에는 어떤 변화가 필요한가 이야기를 나누어 보도록 한다. 외부적으로 고쳐야 하는 것이나, 내부적으로 고쳐야 하는 부분에 대해서도 말해 보도록 한다. 회개는 살을 찢는 고통을 동반하고, 피터지게 애써야 한다는 사실을 알아야 한다. 입술로만 하는 회개는 결코 회개라고 할 수 없다. 각자의 노력의 정도에 대해서도 이야기를 나누어 본다.

## Ⅶ. 마무리

기도로 마무리한다.
제4주 관찰문제를 예습해 오도록 한다.

실천과제를 제시한다.

## 생활의 아로마(실천)

예 1) 회개의 흉내만 있고, 열매가 있는지 없는지 점검해 보도록 한다.

– 노력을 하는지, 혹은 한번만 하고 금방 포기하는지 점검해 보도록 한다.

# 제4주 의인의 조건

예레미야 5:1–18

## 학습목표

하나님이 찾으시는 의인의 조건은 진실을 행하며 공의를 구하는 사람이라는 것을 알 수 있다.

KEYWORD 심판, 의인, 은혜

## Ⅰ. 찬양과 기도

## Ⅱ. 지난주 실천과제 나눔

## Ⅲ. 복습문제 풀이

### 복습

1 이스라엘이 회개하기 위해 먼저 갖추어야 하는 두 가지는 무엇인가? (4:3–4)

a) 갈고 파종하라

b) 마음에 할례를 행하라

## Ⅳ. 말씀 예레미야 5:1-18을 다 함께 읽는다

5:1 너희는 예루살렘 거리로 빨리 다니며
그 넓은 거리에서 찾아보고 알라
너희가 만일 정의를 행하며 진리를 구하는 자를
한 사람이라도 찾으면 내가 이 성읍을 용서하리라
2 그들이 여호와께서 살아 계심을 두고 맹세할지라도
실상은 거짓 맹세니라
3 여호와여 주의 눈이 진리를 찾지 아니하시나이까
주께서 그들을 치셨을지라도 그들이 아픈 줄을 알지 못하며
그들을 멸하셨을지라도 그들이 징계를 받지 아니하고
그들의 얼굴을 바위보다 굳게 하여 돌아오기를 싫어하므로
4 내가 말하기를 이 무리는 비천하고 어리석은 것뿐이라
여호와의 길, 자기 하나님의 법을 알지 못하니
5 내가 지도자들에게 가서 그들에게 말하리라
그들은 여호와의 길, 자기 하나님의 법을 안다 하였더니
그들도 일제히 멍에를 꺾고 결박을 끊은지라
6 그러므로 수풀에서 나오는 사자가 그들을 죽이며
사막의 이리가 그들을 멸하며
표범이 성읍들을 엿본즉 그리로 나오는 자마다 찢기리니
이는 그들의 허물이 많고 반역이 심함이니이다
7 내가 어찌 너를 용서하겠느냐
네 자녀가 나를 버리고 신이 아닌 것들로 맹세하였으며
내가 그들을 배불리 먹인즉
그들이 간음하며 창기의 집에 허다히 모이며
8 그들은 두루 다니는 살진 수말 같이
각기 이웃의 아내를 따르며 소리지르는도다
9 여호와의 말씀이니라
내가 어찌 이 일들에 대하여 벌하지 아니하겠으며
내 마음이 이런 나라에 보복하지 않겠느냐

10 너희는 그 성벽에 올라가 무너뜨리되
다 무너뜨리지 말고 그 가지만 꺾어 버리라
여호와의 것이 아님이니라
11 여호와의 말씀이니라
이스라엘의 집과 유다의 집이 내게 심히 반역하였느니라
12 그들이 여호와를 인정하지 아니하며 말하기를
여호와께서는 계시지 아니하니
재앙이 우리에게 임하지 아니할 것이요
우리가 칼과 기근을 보지 아니할 것이며
13 선지자들은 바람이라
말씀이 그들의 속에 있지 아니한즉
그같이 그들이 당하리라 하느니라
14 그러므로 만군의 하나님 여호와께서 이와 같이 말씀하시니라
너희가 이 말을 하였은즉 볼지어다
내가 네 입에 있는 나의 말을 불이 되게 하고
이 백성을 나무가 되게 하여 불사르리라
15 여호와의 말씀이니라
이스라엘 집이여 보라
내가 한 나라를 먼 곳에서 너희에게로 오게 하리니
곧 강하고 오랜 민족이라
그 나라 말을 네가 알지 못하며 그 말을 네가 깨닫지 못하느니라
16 그 화살통은 열린 무덤이요 그 사람들은 다 용사라
17 그들이 네 자녀들이 먹을 추수 곡물과 양식을 먹으며
네 양 떼와 소 떼를 먹으며 네 포도나무와 무화과나무 열매를 먹으며
네가 믿는 견고한 성들을 칼로 파멸하리라
18 여호와의 말씀이니라 그 때에도 내가 너희를 진멸하지는 아니하리라

## V. 관찰문제의 바른 답

### 말씀 돋보기(관찰)

**1** 하나님이 예루살렘에서 찾는 의인의 조건은 무엇인가(5:1)

정의를 행하며 진리를 구하는 사람

Tip

예레미야가 찾아야 하는 의인은 '정의'를 행하며 '진리'를 구하는 사람이다. 이 두 단어는 선지자가 이미 4:2 에서 이스라엘이 지향해야 할 삶을 정의하면서 사용한 것들이다. 선지자는 예루살렘에 거주하고 있는 의인, 즉 여호와의 공의와 신실함에 대한 기대를 저버리지 않은 자를 찾아 나선다. 하나님이 주의 백성에게 기대하시는 것은 결코 새로운 것이 아니라, 옛적에 주께서 주셨던 말씀의 기준을 따라 사는 것이다.

소돔과 고모라가 의인 10명이 없어서 멸망한 것에 비하면(cf. 창 18장), 예레미야 시대 예루살렘은 파격적인 제안을 받고 있다. 당시 예루살렘에는 예레미야와 바룩을 포함해 아직도 하나님을 경외하는 사람들이 어느 정도는 남아 있었기 때문에 이 말씀은 과장법이다. 그러나 예레미야는 의인이 단 한명이라도 있으면 화를 면할 수 있다는 신념을 가지고 의인을 찾아 나섰다. 선지자의 노력에도 불구하고 예루살렘이 결국 멸망했다는 사실은 당시 이 도시에 의인이 단 한 명(예루살렘 공동체에 임할 심판을 취소하거나 보류하게 할 정도의 규모)도 없었다는 슬픈 현실을 증명한다. 옛적 엘리야 선지자가 세상에서 여호와를 사랑하고 섬기는 의로운 사람은 오직 자기 혼자밖에 남지 않았다고 탄식한 적이 있다(왕상 19:18). 그 때 하나님은 엘리야가 혼자가 아니며 그의 주변에 '바알에게 무릎을 꿇지 않은 7000'이 있다고 말씀하셨다. 또한 선지자의 안타까움은 의인 10명이 없어서 멸망한 소돔과 고모라를 지켜 보아야 했던 아브라함의 안타까움보다(cf. 창 18장) 더하다.

**2** 예레미야는 예루살렘 백성과 지도자들 중에서 의인을 찾는데 그들이 의인이 되지 못하는 이유는 각각 무엇인가?(5:3-5)

a) 백성: 무지

b) 지도자: 불순종, 교만

**Tip** 백성은 평소에 여호와를 자주 언급하고 주님의 이름으로 맹세하기도 하지만, 정작 그들의 삶에서 여호와께서 바라시는 공의와 정의는 찾아볼 수 없다. 가난하고 무식한 사람들이 하나님과 율법에 대해 알지 못하기 때문이다. 반면 부자들은 가난한 사람들보다 더 많은 교육을 받았으며, 여호와의 백성을 다스리는 지도자들로 하나님을 더 깊이 알고 있다. 그러나 상류층과 지도층은 말씀을 알면서도 말씀대로 살지 않는 불순종과 교만에 빠져 있다.

이스라엘의 타락과 부패는 특정한 경제적 계층이나 교육 수준에 제한된 일이 아니다. 무식한 사람들과 박식한 사람들이 함께 범죄했다. 권력자들이나 그들의 지배를 받는 사람들이나 하나님께 등을 돌리기는 마찬가지였다. 가난하고 어리석은 사람들은 하나님과 주님의 말씀에 대한 무지가 문제였다. 상류층과 지도층은 말씀을 알면서도 말씀대로 살지 않는 불순종과 교만이 문제였다.

**3** 하나님의 심판을 피할 수 없는 유다의 두 가지 잘못은 무엇인가? (5:7-13)

a) 7-9절: 주의 백성은 배은망덕한 민족이다.

b) 10-13절: 이스라엘은 하나님을 인정하지 않는 백성이다.

**Tip** 첫째, 주의 백성은 배은망덕한 민족이다(7-9절). 이스라엘의 첫 번째 문제는 그들에게 은혜와 자비를 베푸시는 하나님을 인정하지 않는 것이다. 하나님의 복을 누리며 힘을 키운 그들이 하나님께 감사하기는 커녕 발정기를 맞은 야생마처럼 닥치는 대로 간음하고(우상들을 찾고) 있다. 선지자는 이스라엘 백성의 성적인 문란이 육체적인 것인지, 아니면 영적인 의미를 지닌 상징적인 것인지 확실하게 말하지 않는다. 성경이 나라/민족이 간음했다고 할 때는 우상숭배와 연관이 있다는 사실을 고려하고, 이스라엘이 지향했던 다산 종교들이 성적인 문란과 연관되었다는 점을 생각하면 두 가지(실제적인 성적 문란과 영적 문란) 모두를 뜻한다.

둘째, 이스라엘은 하나님을 인정하지 않는 백성이다(10–13절). 이스라엘이 심판을 받는 이유는 그들이 하나님을 배반했으며(11절), 자신들에게는 결코 어떠한 환란이나 기근도 오지 않을 것이라고 태만해 있었기 때문이다(12절). 영적인 방심은 이처럼 영육 간의 몰락으로 이어진다.

심판이 임하면 제일 당혹스럽고 체면을 잃을 사람들이 바로 거짓 메시지를 통해 백성들을 현혹한 이스라엘의 선지자들이다(13절). 그들이 선포해 온 메시지가 허풍이었음이 드러나기 때문이다. 이 말씀은 선지자들의 허위성을 드러낼 뿐만 아니라 하나의 언어유희를 형성하고 있다. 히브리어로 '영'은 '바람'과 같은 단어이다. 선지자들은 자신들이 하나님의 영으로부터 받은 계시라며 백성들에게 신탁을 선포했는데, 그것은 하나님의 영에서 비롯된 것이 아니라, 그들이 스스로 만들어낸 '[허]풍'이었다는 것이다.

**4** 하나님께서 침략한 이방 군대에게 명령하시는 것은 무엇인가?(5:10)

이스라엘을 완전히 멸망시키지 못하도록 명령하셨다.

**Tip** 하나님이 침략하는 이방 군대에게 이스라엘을 완전히 멸망시키지 못하도록 명령하셨다; '훼파하되 다 훼파하지 말고 그 가지만 꺾어버리라'(10절). 사용하고 있는 이미지는 적들이 포도원(이스라엘)에 들어가 포도나무의 가지를 꺾는 것이다. 그러나 뿌리째 뽑지는 않는다. 하나님이 자기 백성을 징계하실 때는 한계를 정하고 징계하신다. 징계의 근본 목적이 자기 백성을 죽이고자 하는 것이 아니라 고난을 통해 바른 길로 돌아오게 하기 위해서이기 때문이다. 또한 하나님이 이스라엘을 완전히 파멸시키지는 못하도록 하신 것은 시내산에서 이스라엘과 결혼한 남편 하나님이 아내인 이스라엘의 방황을 생각할 때마다 마음속으로 갈등하고 있다는 사실을 암시한다. 그대로 두기에는 문제가 너무 심각하고, 완전히 멸하기에는 하나님은 자기 백성을 너무 사랑하신다.

**5** 예루살렘을 불사르기 위해 진군해 오는 침략군의 특징은 무엇이며,

막강한 군대의 파괴력은 어느 정도인가?(5:15-18)

a) 매우 막강한 군대이다

b) 전통과 역사가 깊은 국가이다

c) 이스라엘이 알지 못하는 언어를 사용하는 민족이다.

d) 파괴력: 그들은 닥치는 대로 먹어 치울 것이며, 아무리 먹어도 만족하지 못하는 유다가 감당하기 어려울 정도로 엄청난 공포를 조성할 것이다.

Tip

불꽃이 되어 예루살렘을 불사르기 위해 진군해 오는 침략군은 첫째, 매우 막강한 나라의 군대이다. 둘째, 그들은 전통과 역사가 깊은 국가이다. 셋째, 그들은 이스라엘이 알지 못하는 언어를 사용하는 민족이다. 반면에 유다는 국가의 명분만 유지할 뿐, 아무런 능력도 없는 보잘것없는 나라이다. 이 세가지 사실은 예레미야의 메시지를 듣고 있는 모든 사람의 불안과 공포를 극대화 시키기에 충분했다.

이 군대가 초래할 파괴력은 '네가 거둔 곡식과 너의 양식을 그들이 먹어 치우고, 너의 아들과 딸들도 그들이 죽이고, 너의 양 떼와 소 떼도 그들이 잡아먹고, 너의 포도와 무화과도 그들이 모두 먹어 치울 것이나. 네가 의지하고 있는 견고한 성들도 그들이 모두 칼로 무너뜨릴 것이다'(새번역). 선지자는 같은 동사 '해치우다/먹다'를 네 차례 사용하여 침략하는 군대는 유다에게 감당하기 어려울 정도로 엄청난 공포를 조성할 거라고 말한다. 그들은 닥치는 대로 먹어 치울 것이며, 아무리 먹어도 만족하지 못하는, 메뚜기 떼를 연상시키는 군대이다.

## Ⅵ. 적용과 나눔

### 삶의 내비게이션(적용)

**1** 이스라엘의 배은망덕과 하나님을 인정하지 않는 행위는 하나님의 존재는 인정하지만 그분의 능력은 인정하지 않는 일종의 실용적 무신론에 해당한다. 당신이 하나님은 인정했지만 그분의 능력은 인정하

지 않았던 경험은 무엇이 있었는가?

관찰문제 3번 참고. 하나님은 자신이 선물로 준 값지고 고귀한 복을 값싼 싸구려로 만들어 버린 이 민족을 용서할 수 없다고 말씀하신다. 하나님은 이스라엘이 주님의 땅에서 평안하게 살 수 있도록 해주었는데 이 백성은 그 복을 하나님이 미워하는 우상을 숭배하는 데 사용하고 있다. 하나님이 그들을 용서하실 수 없는 것은 당연하다. 우리도 혹시 하나님께 받은 복을 엉뚱한 일에 혹은 하나님이 기뻐하시지 않는 일에 허비하고 있지 않은가 점검해 보아야 할 것이다. 각자가 하나님은 인정하지만 그분의 능력은 인정하지 않았던 경험에 대해 이야기를 나누어 보도록 한다.

예를 들면, 하나님께 기도하면서도 능력은 믿지 못하고, 자신의 생각대로 일을 처리한다. 하나님께서 해 주실 것을 확신하면서도 혹시나 하는 마음에 점집에 가서 조언을 듣는다. 하나님께서 살아 계시다는 것은 알지만 나에게는 역사하지 않는다고 생각한다.

다양한 이야기를 나누어 보도록 한다. 인도자는 자신의 주장이나 의견을 내세우지 말고, 팀원들의 이야기를 듣는 자세를 늘 유지하도록 한다.

**2** 이스라엘이 하나님께 순종하지 못하는 이유는 백성의 무지와 지도자의 교만 때문이었다. 당신이 순종하지 못하는 이유는 어디에 해당하는가?

관찰문제 2번 참고. 이스라엘의 타락과 부패는 특정한 계층이나 교육 수준에 제한된 일이 아니다. 무식한 사람들과 박식한 사람들이 함께 범죄했다. 권력자들이나 그들의 지배를 받는 사람이나 하나님께 등을 돌리기는 마찬가지였다. 가난하고 어리석은 사람들은 하나님의 말씀에 대해 무지한 것이 문제였다. 상류층과 지도층은 말씀을 알면서도 말씀대로 살지 않는 불순종과 교만이 문제였다. 각자가 순종하지 못하는 이유가 몰라서 순종하지 못한 것인지, 알면서도 순종하지 못한 것인지, 잘 알면서 합리화 해서 순종하지 못했던 것인지 말해 보도록 한다.

**3** 오늘 날에도 사람을 죽음으로 인도하는 거짓 선지자들이 많다. 당신은 분별력을 키우기 위해 무엇을 해야 하는가?

관찰문제 3번 참고. 이스라엘에게 심판이 임하면 제일 당혹스럽고 체면을 잃을 사람들이 바로 거짓 메시지를 통해 백성들을 현혹한 이스라엘의 선지자들이다(13절). 그들이 선포해 온 메시지가 허풍이었음이 드러나기 때문이다. 히브리어로 '영'과 '바람'은 같은 단어이다. 선지자들은 자신들이 하나님의 영으로부터 받은 계시라며 백성들에게 신탁을 선포했는데, 그것은 하나님의 영에서 비롯된 것이 아니라, 그들이 스스로 만들어낸 '[허]풍'이었다. 그러나 속이는 자에게만 책임이 있는 것이 아니다. 속임을 당하는 자도 책임을 면치 못한다. 오늘날에도 거짓 선지자가 많다. 당신은 오늘을 살아가면서 거짓 선지자에게 현혹되지 않기 위해 분별력을 키워야 한다. 무엇이 옳고 그른지 성경에 비추어 보아야 한다. 각자가 분별력을 키우기 위해 필요한 것은 무엇인가 이야기를 나누어 보도록 한다. 말씀을 잘 모른다면, 시간을 투자해서 말씀을 읽고, 성경 공부를 해야 할 것이다. 경건 훈련이 필요하면 그 부분의 훈련을 해야 할 것이다. 각자의 의견을 말해 보도록 한다.

## Ⅶ. 마무리

기도로 마무리한다.
제5주 관찰문제를 예습해 오도록 한다.
실천과제를 제시한다.

## 생활의 아로마(실천)

예 1) 너무 쉽게 솔깃한 것에 치우치고 있는지 점검하도록 한다.
2) 영적 편식을 하는지 점검하도록 한다.
– 듣고 싶은 말만 듣는 것

# 제5주 본질의 오해

예레미야 7:1–20

## 학습목표

교회가 하나님을 대신할 수는 없다는 사실을 알 수 있다.

KEYWORD **성전, 본질, 액땜**

## Ⅰ. 찬양과 기도

## Ⅱ. 지난주 실천과제 나눔

## Ⅲ. 복습문제 풀이

### 복습

**1** 하나님이 예루살렘에서 찾는 의인의 조건은 무엇인가(5:1)

정의를 행하며 진리를 구하는 사람

## Ⅳ. 말씀 예레미야 7:1–20을 다 함께 읽는다

7:1 여호와께로부터 예레미야에게 말씀이 임하니라 이르시되 2 너는 여호와의 집 문
에 서서 이 말을 선포하여 이르기를 여호와께 예배하러 이 문으로 들어가는 유다 사람
들아 여호와의 말씀을 들으라 3 만군의 여호와 이스라엘의 하나님께서 이와 같이 말

씀하시되 너희 길과 행위를 바르게 하라 그리하면 내가 너희로 이 곳에 살게 하리라
4 너희는 이것이 여호와의 성전이라, 여호와의 성전이라, 여호와의 성전이라 하는 거
짓말을 믿지 말라 5 너희가 만일 길과 행위를 참으로 바르게 하여 이웃들 사이에 정의
를 행하며 6 이방인과 고아와 과부를 압제하지 아니하며 무죄한 자의 피를 이 곳에서
흘리지 아니하며 다른 신들 뒤를 따라 화를 자초하지 아니하면 7 내가 너희를 이 곳에
살게 하리니 곧 너희 조상에게 영원무궁토록 준 땅에니라 8 보라 너희가 무익한 거짓
말을 의존하는도다 9 너희가 도둑질하며 살인하며 간음하며 거짓 맹세하며 바알에게
분향하며 너희가 알지 못하는 다른 신들을 따르면서 10 내 이름으로 일컬음을 받는 이
집에 들어와서 내 앞에 서서 말하기를 우리가 구원을 얻었나이다 하느냐 이는 이 모든
가증한 일을 행하려 함이로다 11 내 이름으로 일컬음을 받는 이 집이 너희 눈에는 도
둑의 소굴로 보이느냐 보라 나 곧 내가 그것을 보았노라 여호와의 말씀이니라 12 너희
는 내가 처음으로 내 이름을 둔 처소 실로에 가서 내 백성 이스라엘의 악에 대하여 내
가 어떻게 행하였는지를 보라 13 여호와의 말씀이니라 이제 너희가 그 모든 일을 행하
였으며 내가 너희에게 말하되 새벽부터 부지런히 말하여도 듣지 아니하였고 너희를
불러도 대답하지 아니하였느니라 14 그러므로 내가 실로에 행함 같이 너희가 신뢰하는
바 내 이름으로 일컬음을 받는 이 집 곧 너희와 너희 조상들에게 준 이 곳에 행하겠고
15 내가 너희 모든 형제 곧 에브라임 온 자손을 쫓아낸 것 같이 내 앞에서 너희를 쫓
아내리라 하셨다 할지니라 16 그런즉 너는 이 백성을 위하여 기도하지 말라 그들을 위
하여 부르짖어 구하지 말라 내게 간구하지 말라 내가 네게서 듣지 아니하리라 17 너는
그들이 유다 성읍들과 예루살렘 거리에서 행하는 일을 보지 못하느냐 18 자식들은 나
무를 줍고 아버지들은 불을 피우며 부녀들은 가루를 반죽하여 하늘의 여왕을 위하여
과자를 만들며 그들이 또 다른 신들에게 전제를 부음으로 나의 노를 일으키느니라 19
여호와의 말씀이니라 그들이 나를 격노하게 함이냐 자기 얼굴에 부끄러움을 자취함이
아니냐 20 그러므로 주 여호와께서 이와 같이 말씀하시니라 보라 나의 진노와 분노를
이 곳과 사람과 짐승과 들나무와 땅의 소산에 부으리니 불 같이 살라지고 꺼지지 아니
하리라 하시니라

## 건너뛴 장 내용 요약

6장 다가오는 예루살렘 멸망

V. 관찰문제의 바른 답

## 말씀 돋보기(관찰)

**1** 예레미야는 어디에서 누구에게 메시지를 선포하는가?(7:1-2)

어디: 성전 문에서

누구: 예배하기 위해 성전을 찾은 이스라엘 사람들에게

Tip 예레미야가 하나님의 명령에 따라 성전에 가서 예배하기 위해 성전을 찾은 이스라엘 사람들에게 메시지를 전한다. 메시지의 효과를 고려하면 예레미야가 많은 사람들이 성전을 찾는 종교 절기에 이 메시지를 선포했을 가능성이 크다. 그러므로 가을 추수가 끝날 무렵에 사람들이 성전을 찾았던 장막절이 유력하다. 장막절에는 이스라엘의 모든 성인 남자들이 성전을 찾는다. 유다 사람들은 예루살렘 성전이 그 어떤 불상사도 유다에게 일어나지 않게 할 보증 수표나 되는 것처럼 생각했다. 예레미야는 그런 예배자들에게 당시 제사장들과 선지자들이 선포하던 메시지와 전혀 다른 말씀을 선포한다. 예레미야의 메시지는 성전을 하나님의 임재와 동일시했던 사람들의 관념에 큰 충격을 주었다.

당시 예루살렘의 안전을 주장하던 정치인들과 종교 지도자들에게는 두 가지 신학적인 이유가 있었다. 첫째, 시온(예루살렘)은 하나님의 처소인 성전이 있는 곳이므로 어떤 상황에서도 결코 무너지지 않는다는 '시온 불가침'설이다. 둘째, 하나님이 다윗과 그의 후손들이 이스라엘을 영원히 통치할 것을 무조건적으로 보장하셨다는 다윗 언약이다.

**2** 선포된 메시지의 중심내용은 무엇인가?(7:3-7)

너희는 모든 생활과 행실을 고쳐라. 그러면 내가 이곳에서 너희와 함께 머물러 살겠다. 이것이 주님의 성전이다 하고 속이는 말을, 너희는 의지하지 말아라

Tip 예레미야가 문턱에 서서 선포한 메시지의 중심 내용이 3-4절에 요약되어 있다: '너희는 모든 생활과 행실을 고쳐라. 그러면 내가 이곳에서 너

희와 함께 머물러 살겠다. 이것이 주님의 성전이다. 이것이 주님의 성전이다. 이것이 주님의 성전이다 하고 속이는 말을, 너희는 의지하지 말아라'(새번역).

저자는 5-6절에서 구체적으로 다섯 가지의 '만일' 조건을 제시한다: (1) 만일 너희가 모든 생활과 행실을 참으로 고치면…; (2) 만일 너희가 정직하게 서로 행하면…; (3) 만일 너희가 이방인과 고아와 과부들을 억압하지 않으면…; (4) 만일 너희가 이곳에서 무고한 피를 흘리지 않으면…; (5) 만일 너희가 다른 신들을 섬겨 스스로 재앙을 불러들이지 않으면… 이스라엘이 이러한 조건을 충족시키면 하나님은 '너희 조상에게 영원무궁하도록 준 이 땅, 바로 이곳에서 너희가 머물러 살도록 하겠다'라고 약속하신다(7절; 새번역).

## 3 유다 사람들은 성전을 어떻게 생각했는가?(7:8-11)

액운이나 때우는 부적, 혹은 행운을 가져다 주는 부적

Tip

이스라엘의 문제는 하나님보다 성전을 더 신뢰하는데 있었다. 그들은 성전을 마치 액운이나 때우는 부적, 혹은 행운을 가져다 주는 부적 정도로 생각했다. 선지자가 9절에서 고발하는 이스라엘의 범죄는 십계명을 배경으로 한다. '너희는 모두 도둑질을 하고, 사람을 죽이고, 음행을 하고, 거짓으로 맹세를 하고, 바알에게 분향을 하고, 너희가 알지 못하는 다른 신들을 섬긴다'(새번역). 예레미야는 구체적으로 8,6,7,9,1,2 등 여섯 개의 계명을 어겼다고 비난한다. 유다는 율법을 어기고 갖은 우상 숭배와 악행을 서슴지 않고 행하면서도 가끔 여호와의 성전에 나와 예배를 드리면 '평안'을 느꼈다(10절). 물론 하나님이 주시는 평안이 아니라, 거짓 선지자들과 제사장들이 처방한 거짓 평안이었다. 결국 유다 사람들에게 성전은 그들이 세상에서 열심히 행했던 온갖 악행으로부터 잠시 '휴식'을 취하는 곳이 되었다. 또한 헌금과 예배를 통해 그동안 그들이 경험했던 불행과 앞으로 경험할 액운이 모두 사라지게 하는 신비로운 장소일 뿐 하나님을 만나서 교제하고 말씀을 배우는 곳은 아니었다

**4** 예레미야는 예루살렘의 운명을 어느 곳의 운명과 똑같이 취급하고 있는가?(7:12-15)

실로

Tip 예레미야는 예루살렘의 운명을 이미 심판을 받아 망해버린 실로의 운명과 똑같이 취급하고 있다(cf. 시 78:56-64). 실로는 예루살렘으로부터 북쪽으로 약 27킬로미터 떨어진 곳으로 이스라엘이 가나안에 정착한 후 처음으로 성막을 세운 곳이었다(cf. 수21:1-2; 삼상1:1-9). 이스라엘은 정복한 땅을 이곳에서 분배했으며(수18:8-10; 19:51), 엘리가 제사장이었을 때도 하나님의 성막이 이곳에 있었다(삼상1:3). 사무엘은 실로에서 여호와의 선지자로 부르심을 받았다(삼상3:1,21). 실로는 주전 1050년경에 블레셋과의 전쟁으로 파괴된 것으로 추정된다.

유다 사람들은 예루살렘의 운명과 실로의 운명이 극적인 대조를 이룬다고 생각했다. 실로는 하나님께 버림받아 멸망했지만, 하나님의 성전이 있는 예루살렘은 시온 불가침설과 다윗 언약으로 하나님의 특별한 보호를 받는 안전한 도성이라고 생각했다. 그러나 예레미야는 유다 사람들의 주장에 이의를 제기하고 있다. 예루살렘 주민들이 삶을 돌이키지 않는 한 그들이 살고 있는 도성의 운명은 실로와 같을 것이라고 경고한다.

**5** 하나님이 유다 백성들에게 분노하시는 이유는 무엇인가?(7:17-18)

이스라엘 가정이 한마음으로 열심이 우상을 숭배

Tip 하나님이 분노하시는 이유가 한 폭의 그림을 통해 설명되고 있다(17-18절). 아이들은 장작으로 쓸 나무를 줍기에 바쁘고, 아버지는 아이들이 주워 온 장작개비로 불을 지피는 일에 분주하다. 아이들의 어머니는 남편이 불을 지펴준 화덕에서 빵을 굽기 위해 쉴 새 없이 움직인다. 참으로 일사불란하게 움직이는 가정이다. 그런데 이 빵은 바로 '하늘의 여왕'에게 바칠 빵이다(18절). '하늘의 여왕'은 대체적으로 아시리아와 바빌론 사람들이 숭배했던 이슈타르 혹은 가나안의 아슈타르테로 추정된다. 이 여신들은 주로 여자들이 숭배하는 신이었다. 조상대대로 숭배해오던 여호와를 섬기기를 거부하던 이스라엘의 가정이 이처럼 우상숭배에는 하나되어 열심을 내고 있다. '하늘 여왕'을 숭배해 하나님을 분노케 한 것으로 모자라 이스라엘 가정들은 더 많은 신들을 숭배한다(18절). 유다 가정들이 온갖 우상과 잡신을 몽땅 숭배하고 있다.

## VI. 적용과 나눔

### 삶의 내비게이션(적용)

1 이스라엘은 일상생활과 종교생활을 전혀 다른 삶으로 살고 있다. 당신이 과거에 일상생활과 종교생활의 거리감을 느낀 것은 무엇이 있었는가?

관찰문제 2번 참고. 이스라엘은 생활 속에서 온갖 죄를 범하면서 성전에 나오면 모든 것이 다 해결될 것이라는 만사형통의 생각을 하고 있다. 우리의 성전은 피난처이다. 그래서 죄인들이 성전을 장악하면 하나님은 그곳을 떠나신다. 뿐만 아니라 의를 추구하는 삶이 함께 하지 않는 예배와 경배 그리고 성전에 대한 확신은 결국 무익한 거짓말에 불과하다(8절; cf. 4절). 성전은 주의 백성의 부도덕한 삶을 덮어 줄 수 있는 덮개가 아니다. 하나님은 자기 백성의 일거수일투족을 지켜보고 계신다(11절). 하나님은 그들의 행실에 따라 그들을 판단하지, 그들이 드리는 예물이나 기도로 그들을 판단하시는 일은 없다. 각자가 과거에 일상생활과 종교생활의 거리감을 느낀 것을 이야기 나누어 보도록 한다. 평소에는 술과 담배를 즐겨하면서 교회에서는 안하는 척, 생활에서는 욕을 입에 달고 살면서 교회에서는 거룩한 척, 이웃에게는 피해를 끼치면서 교인에게는 도움을 주는 척, 다양한 이야기를 나누어 보도록 한다.

2 이스라엘은 하나님보다 성전을 더 신뢰하고 있다. 당신의 하나님과의 관계, 교회에 대한 생각을 이스라엘과 비교해 보면 어떠한가?

관찰문제 3번 참고. 이스라엘의 문제는 하나님보다 성전을 더 신뢰한 것에 있다. 하나님을 경배하는 처소인 성전이 하나님을 대체해버린 것이다. 하나님의 처소는 결코 인간이 자기 잇속을 챙기기 위해 이용할 수 있는 부적이 아니다. 이스라엘에게 성전은 미신적인 소망과 확신의 존재였다. 각자가 하나님과의 관계, 교회에 대한 생각을 이야기 나누어 보도록 한다. 하나님과의 관계가 더 친밀한가 혹은 교회가 더 친밀한가. 물론 극단적인 이분법으로 생각할 수도 있지만 이스라엘과 같이 하나님보다 성전을 더 신뢰한다면 그것은 문제의 소지가 다분하다. 각자의 생각을 이스라엘과 비교해 보도록 한다.

**3** 하나님이 분노하시는 이유를 한 가정의 모습으로 그림처럼 표현하고 있다. 당신의 가족은 어떤 가치관과 무엇을 추구하는가?

관찰문제 5번 참고. 아버지와 어머니와 아이가 우상을 숭배하는 일에 한 마음이 되어 있는 모습을 표현하면서 남녀노소 가릴 것 없이 온 이스라엘 가정이 합심해 우상을 숭배하고 있는 것을 보여준다. 각자의 가족은 어떤 가치관을 가지고 있는지 이야기를 나누어 보도록 한다. 그리스도인 가정이라고 해서 모두 다 기독교적인 가치관을 갖고 있는 것은 아니다. 교회에는 출석하지만 유교적인 가치관을 그대로 가지고 있을 수 있다. 샤머니즘적인 요소를 가지고 있을 수도 있다. 이 주제는 가치관의 좋고 나쁨을 논하는 것이 아니라 구성원 각자의 가정이 어떤 가치관을 가지고 있는 집안인가 이야기를 나누어 보므로 기독교적인 가치관으로 변할 수 있게 하는데 그 궁극적인 목적이 있다. 가치관의 변화는 누군가의 강요에 의해서가 아니라 스스로의 선택에 의한 것이어야 한다. 각자의 가족은 무엇을 추구하는지에 대해서도 이야기를 나누어 보도록 한다. 성경적인 삶을 추구할 수도 있지만, 세상 명품의 삶을 추구할 수 있다. 상류 사회의 삶을 추구할 수 있다. 먹고 마시고 현실에 안주하는 삶을 추구할 수도 있다. 이 부분도 옳고 그름의 문제가 아니라 각자의 가정을 돌아보고 앞으로의 추구점에 대해서 나아갈 수 있도록 방향을 제시하는데 그 목적이 있다.

## Ⅶ. 마무리

기도로 마무리한다.
제6주 관찰문제를 예습해 오도록 한다.

실천과제를 제시한다.

## 생활의 아로마(실천)

예 1) 우리 가족이 함께 추구해야 하는 것을 점검해 보고 가족이 함께 나누도록 한다.

2) 자신의 신앙생활보다 예배, 찬양, 봉사 등 보여지는 것에만 관심이 있지 않나 점검해 보도록 한다.

# 제6주 소각장 대신 용광로!

**예레미야 8:22–9:18**

## 학습목표

하나님의 용광로 단련은 주의 백성을 연단하여 순수성을 회복시키기 위한 것이라는 사실을 알 수 있다.

KEYWORD **진실, 거짓, 용광로**

## Ⅰ. 찬양과 기도

## Ⅱ. 지난주 실천과제 나눔

## Ⅲ. 복습문제 풀이

### 복습

1 유다 사람들은 성전을 어떻게 생각했는가?(7:8–11)

액운이나 때우는 부적, 혹은 행운을 가져다 주는 부적

## Ⅳ. 말씀 예레미야 8:22–9:18을 다 함께 읽는다

8:22 길르앗에는 유향이 있지 아니한가
그 곳에는 의사가 있지 아니한가

딸 내 백성이 치료를 받지 못함은 어찌 됨인고
9:1 어찌하면 내 머리는 물이 되고
내 눈은 눈물 근원이 될꼬
죽임을 당한 딸 내 백성을 위하여 주야로 울리로다
2 내가 광야에서 나그네가 머무를 곳을 얻는다면
내 백성을 떠나 가리니 그들은 다 간음하는 자요
반역한 자의 무리가 됨이로다
3 여호와의 말씀이니라
그들이 활을 당김 같이 그들의 혀를 놀려 거짓을 말하며
그들이 이 땅에서 강성하나 진실하지 아니하고
악에서 악으로 진행하며 또 나를 알지 못하느니라
4 너희는 각기 이웃을 조심하며
어떤 형제든지 믿지 말라
형제마다 완전히 속이며
이웃마다 다니며 비방함이라
5 그들은 각기 이웃을 속이며
진실을 말하지 아니하며
그들의 혀로 거짓말하기를 가르치며
악을 행하기에 지치거늘
6 네가 사는 곳이 속이는 일 가운데 있도다
그들은 속이는 일로 말미암아
나를 알기를 싫어하느니라
여호와의 말씀이니라
7 그러므로 만군의 여호와께서 이와 같이 말씀하시되
보라 내가 내 딸 백성을 어떻게 처치할꼬
그들을 녹이고 연단하리라
8 그들의 혀는 죽이는 화살이라
거짓을 말하며
입으로는 그 이웃에게 평화를 말하나
마음으로는 해를 꾸미는도다

[9] 내가 이 일들로 말미암아
그들에게 벌하지 아니하겠으며
내 마음이 이런 나라에 보복하지 않겠느냐
여호와의 말씀이니라
[10] 내가 산들을 위하여 울며 부르짖으며
광야 목장을 위하여 슬퍼하나니
이는 그것들이 불에 탔으므로 지나는 자가 없으며
거기서 가축의 소리가 들리지 아니하며
공중의 새도 짐승도 다 도망하여 없어졌음이라
[11] 내가 예루살렘을 무더기로 만들며
승냥이 굴이 되게 하겠고
유다의 성읍들을 황폐하게 하여 주민이 없게 하리라
[12] 지혜가 있어서 이 일을 깨달을 만한 자가 누구며
여호와의 입의 말씀을 받아서
선포할 자가 누구인고
이 땅이 어찌하여 멸망하여 광야 같이 불타서
지나가는 자가 없게 되었느냐

[13] 여호와께서 말씀하시되 이는 그들이 내가 그들의 앞에 세운 나의 율법을 버리고 내
목소리를 순종하지 아니하며 그대로 행하지 아니하고 [14] 그 마음의 완악함을 따라 그
조상들이 자기에게 가르친 바알들을 따랐음이라 [15] 그러므로 만군의 여호와 이스라엘
의 하나님께서 이와 같이 말씀하시니라 보라 내가 그들 곧 이 백성에게 쑥을 먹이며
독한 물을 마시게 하고 [16] 그들과 그들의 조상이 알지 못하던 여러 나라 가운데에 그
들을 흩어 버리고 진멸되기까지 그 뒤로 칼을 보내리라 하셨느니라

[17] 만군의 여호와께서 이와 같이 말씀하시되
너희는 잘 생각해 보고 곡하는 부녀를 불러오며
또 사람을 보내 지혜로운 부녀를 불러오되
[18] 그들로 빨리 와서 우리를 위하여 애곡하여
우리의 눈에서 눈물이 떨어지게 하며
우리 눈꺼풀에서 물이 쏟아지게 하라

## V. 관찰문제의 바른 답

### 말씀 돋보기(관찰)

**1** 하나님이 이스라엘을 버릴 수 밖에 없었던 두 가지 이유는 무엇인가?(8:22-9:3)

a) 성적문란-우상숭배

b) 혀놀림-언어로 짓는 죄

Tip

선지자는 하나님이 이스라엘을 버릴 수 밖에 없었던 이유들을 나열한다(2b-3절): '참으로 이 백성은 모두 간음하는 자들이요, 배신자의 무리이다. 내 백성이라는 것들은 활을 당기듯 혀를 놀려 거짓을 일삼는다. 진실이 없고, 그들의 폭력만이 이 땅에서 판을 친다. 참으로 그들은 악에 악을 더하려고 돌아다닐 뿐, 내가 그들의 하나님인 줄은 알지 못한다'(새번역). 첫 번째 죄를 지적하면서 하나님이 이스라엘의 성적 문란을 비난하는 것인지, 아니면 우상숭배를 간음이라고 하시는 것인지 확실하지 않다. 그러나 가나안 종교는 성적으로 문란했기 때문에 본문은 이 두 가지를 모두 포함한다. 두 번째로 지적되는 것은 '혀 놀림'이다. 언어로 죄를 짓는 일은 활 쏘기에 비유되고 있다. 활이 심장을 관통해 사람을 죽이듯 사람이 내뱉는 말이 사람을 죽인다는 뜻이다. 예레미야는 하나님과 맺은 언약을 무시하고 막무가내로 살아가는 이스라엘 사회의 가장 기본적인 특징은 진실이 없고 그 자리에 거짓만 성행하는 것이라고 말한다.

길르앗(22절)은 요단 강의 동쪽, 모압의 북쪽에 위치한 산악 지대였다. 길르앗은 나무에서 채취한 송진으로 만든 유향이 유명한 곳이다(창 37:25; 렘 46:11). 사람들이 피부병을 앓게 되면 길르앗의 유향을 바르고, 아프면 의사를 찾아가면 된다(22절). 피부병을 앓는 사람이 길르앗의 유향을 바르고 완쾌될 수 있는 것처럼, 이스라엘이 회개하면 완쾌될 수 있다. 병을 앓는 사람이 의사에게 치료를 받으면 나을 수 있는 것처럼 주의 백성이 하나님을 찾아 치료를 받으면 완쾌될 수 있다. 그러나 그들은 여호와 찾기를 거부한다.

**2** 유다 사람들이 조심해야 할 사람은 누구인가?(9:4–5)

누구도 믿을 수 없고 믿어서는 안된다.

Tip

유다 사람들이 얼마나 부패하고 악해졌는지 그 누구도 믿을 수 없고, 믿어서도 안되는 상황이 되었다. 심지어 가장 믿을 수 있는 형제들과 이웃들도 속이는 자들로 전락했기 때문에 절대 믿어서는 안된다(4절). 예레미야는 '형제'와 '이웃'을 여러 차례 사용해 이스라엘 공동체가 그 누구도 믿을 수 없는 사회가 되었음을 강조한다. 이 말씀은 모든 유다 사람들에게 주는 경고보다는 선지자가 예루살렘에 남아 있는 '의로운 소수'(남은 자들)에게 주는 경고이다. 더 나아가 이 말씀은 훗날 조국에서 끌려온 사람들에게서 선지자의 말씀을 듣게 된 바빌론 포로민들에게 주는 권면이기도 하다. 이미 심판을 받아 바빌론으로 끌려와 혼란에 빠져 있는 유다 공동체에 속한 사람들 중 하나님이 구원하실 소수에게 하시는 말씀이다.

**3** 하나님은 이스라엘을 어떻게 심판하시며 심판의 이유는 무엇인가?(9:7–9)

a) 용광로 단련 b) 이스라엘의 삶에 진실이 없기 때문이다

Tip

하나님은 심판을 받는 이스라엘을 '내 딸 백성'이라 부르며 자기 백성을 '금속 단련하듯 단련하며, 시험하여 보겠다'라고 말씀하신다(7절). 여기서 사용된 이미지는 제련 이미지이다. 마치 철물에서 불순물과 찌끼를 제거하기 위해 용광로의 뜨거운 불로 달구는 것처럼 이스라엘의 부정함과 불순물을 제거하기 위해 심판이 그들에게 임하게 하신다(cf. 6:27–30).

용광로 경험의 심판이 임한 이유는 이스라엘의 삶에 진실이 없기 때문이다(8절). 그들의 말은 독이 묻은 화살이 되어 사람들을 죽인다. '독 묻은 화살'과 '해칠 생각을 품고 있다'(8절) 는 표현은 그들의 잔악성을 잘 드러내고 있다. 이 백성이 다시 진실하고 신실하게 될 때까지 하나님은 그들을 용광로에 넣어서 깨끗하게 하실 것이다. 때로는 마지막 수단으로 하나님은 어쩔 수 없이 자기 백성을 '환란의 용광로'에 넣으신다. 그러나 이 정제 과정이 끝나면 주의 백성은 다시 순수성을 회복할 것이며 정금

같이 빛나게 될 것이다. 그래서 성경은 용광로 이미지를 주의 백성을 연단하여 순수성을 회복시키는 수단으로 사용한다. 용광로 이미지가 심판의 이미지이기는 하지만 회복의 소망이 있는 심판 이미지이다.

**4** 심판을 받아 황폐해진 약속의 땅을 바라보며 우는 모습은 누구의 모습인가?(9:10)

하나님

Tip 하나님은 이스라엘의 주인으로서 그들의 파멸을 지켜보면서 아픔과 신음으로 가득 찬 탄식 소리를 연발하신다. 심판을 받아 황폐해진 약속의 땅을 바라보며 하나님은 눈물을 흘리신다(10절; cf. 8:18–9:3; 9:17–19; 3:19–20). 한 때는 사람들과 생기로 북적거리던 예루살렘과 유다의 모든 땅이 사람은 물론이고 새도 짐승도 살지 않는 황폐한 땅으로 변할 것이다(10b–11절). 심판이 휩쓸고 간 유다는 마치 하나님이 창조하신 모든 것이 역창조 되어버린 장소로 변한 것 같은 느낌을 준다. 젖과 꿀이 흐르던 풍요로운 땅이 오로지 혼돈과 공허(창1:2)만이 남은 폐허가 된다.

**5** 하나님이 통곡하는 여인을 부르라고 하신 이유는 무엇인가?(9:17–18)

하나님의 슬픔 때문에

Tip 하나님의 심판이 예루살렘에 임하니 '곡하는 부녀들'이 부름을 받는다(17절). 이들은 '통곡 전문가'들이다. 고대 근동에서는 아주 슬픈 일이 있을 때 자신의 옷을 찢고 재를 뒤집어썼을 뿐만 아니라, 곡을 하며 슬픈 분위기를 만들어주는 전문가 여인들을 고용했다. 특히 장례식에는 죽은 자를 위해 온 공동체가 슬퍼하는 예식이 있었는데, 이때 통곡 전문가들의 활약이 돋보였다. 온 공동체가 죽은 자를 기념하여 슬피 울도록 이 여인들이 분위기를 조성해 주었기 때문이다. 하나님이 곡하는 여인을 부르라고 하신 것은 나라가 망해 슬퍼하는 예루살렘 사람들을 위한 것이 아니다. 하나님은 자신을 위해 곡하는 여인들을 부르라고 하신다. 예루살렘의 멸망이 하나님께 얼마나 큰 슬픔을 가져다 주는지 이런 일을 하는 여인들

중에서도 가장 통곡 실력이 좋은 자들을 불러들이라고 하신다(7절). 그러나 아무리 많은 곡하는 여자들이 부름을 받고 와서 슬퍼해도 결코 하나님의 슬픔을 대신할 수 없다.

## Ⅵ. 적용과 나눔

### 삶의 내비게이션(적용)

**1** 예루살렘은 누구도 믿을 수 없고, 믿어서도 안되는 상황이 되었다. 당신이 과거에 믿어서 실망하거나 피해를 본 경험은 무엇이 있었는가?

관찰문제 2번 참고. 선지자의 비난을 받고 있는 이스라엘 공동체는 옛적에 야곱이 에서를 속였던 것처럼 서로를 속이고 있다. 그들은 야곱의 자손들답게 '야곱질'을 하고 있다. 또한 서로를 속이는 것을 자손 대대로 가르쳐왔다. '야곱질'은 결코 우연히 일어난 일이 아니다. 그들은 서로 신뢰할 수 없는 사회를 만들기 위해 갖은 노력을 아끼지 않았다(5절). 기회만 되면 남을 속이고 악을 밥 먹듯이 행하는 것은 하나님의 형상대로, 모양대로 만들어진 인간의 본성은 아니다. 창세기 3장 사건 이후 죄 속에서 태어난 인간이 자라면서 습득하거나 배우고 훈련한 결과이다. 경건을 배우고 진실되게 살아가기도 버거운 인생인데, 하나님의 말씀을 멀리하면 꼭 이런 일이 생긴다. 경건과 진실은 하나님을 아는 지식과 밀접하게 연관되어 있다. 그러므로 삶에서 하나님을 배제하면 당연히 경건과 진실은 사라지고 그 자리를 거짓과 위선이 차지하게 된다. 각자가 믿어서 실망하거나 피해를 본 경험을 이야기 나누어 보도록 한다.

**2** 용광로 이미지는 주의 백성을 연단하여 순수성을 회복시키는 수단으로 사용된다. 당신의 삶에서 태워 없애야 하는 것은 무엇인가?

관찰문제 3번 참고. 용광로 이미지가 심판의 이미지이기는 하지만, 회복의 소망이 있는 심판 이미지이다. 하나님이 자기 백성을 정결케 하기 위해 용광로에 넣으신다면, 그 어느 순간에도 그들은 하나님께 버림받아 더 이상 '하나님의 백성이 아닌' 사람들이 될 수는 없다. 주의 백성이 하나님의 심판을 받아 괴로워하는 과정 중에도 하나님은 결코 우리를 포기하지 않으시기 때문이다. 하나님은 주의 백성을 용광로에 넣어서 깨끗하게 하실 것이다. 하나님은 자기 백성이 자신을 닮아가기를 원하신다. 하나님 자신이 진실하고 신실하신 분이기 때문이다. 각자가 삶에서 태워 없애야 하는 것은 무엇인가 이야기를 나누어 보도록 한다.
예) 욕심, 교만, 게으름, 시기, 질투 등

**3** 하나님은 이스라엘 때문에 울부짖고, 슬퍼하신다. 당신의 삶을 바라보면서 하나님이 울고, 슬퍼하실 것은 무엇이라고 생각하는가?
관찰문제 4, 5번 참고. 하나님은 아픔과 신음으로 가득 찬 탄식 소리를 연발하신다. 심판을 받아 황폐해진 약속의 땅을 바라보며 우시는 하나님의 모습을 묘사한다. 또한 심판이 예루살렘에 임하니 '곡하는 부녀들'이 부름을 받는다(17절). 하나님이 곡하는 여인들을 부른 것은 나라가 망해 슬퍼하는 예루살렘 사람들을 위한 것이 아니라 하나님 자신을 위한 것이다. 예루살렘의 멸망은 하나님께 큰 슬픔을 가져다 주기 때문이다. 우리의 삶을 바라보면서 어쩌면 하나님이 울고 계실 수 있다. 각자가 하나님이 각자의 삶을 바라보면서 울고 슬퍼하실 부분은 무엇인가 이야기를 나누어 보도록 한다. 하나님의 울음을 멈추기 위해 해야 할 일은 무엇인가에 대해서도 서로 말해 보도록 한다.

## Ⅶ. 마무리

기도로 마무리한다.
제7주 관찰문제를 예습해 오도록 한다.
실천과제를 제시한다.

## 생활의 아로마(실천)

예 1) 태워야 할 항목과 아직 안 탄 항목을 점검하고 해결하도록 한다.
2) 내가 하나님을 슬프게 하는 것은 무엇인가 찾아 보도록 한다.
3) 말과 행동에서 거짓이 버릇처럼 나오지 않도록 훈련하도록 한다.

# 제7주 허무한 열심

예레미야 12:1-13

## 학습목표

하나님의 심판이 임하면 포도원 유다는 황무지가 될 수 있다는 사실을 알 수 있다.

KEYWORD **열매, 신정론, 심판**

## Ⅰ. 찬양과 기도

## Ⅱ. 지난주 실천과제 나눔

## Ⅲ. 복습문제 풀이

### 복습

1 하나님은 이스라엘을 어떻게 심판하시며 심판의 이유는 무엇인가? (9:7-9)

a) 용광로 단련

b) 이스라엘의 삶에 진실이 없기 때문이다

## Ⅳ. 말씀 예레미야 12:1-13을 다 함께 읽는다

12:1 여호와여 내가 주와 변론할 때에는

주께서 의로우시니이다
그러나 내가 주께 질문하옵나니
악한 자의 길이 형통하며
반역한 자가 다 평안함은 무슨 까닭이니이까
2 주께서 그들을 심으시므로
그들이 뿌리가 박히고 장성하여 열매를 맺었거늘
입은 주께 가까우나 그들의 마음은 머니이다
3 여호와여 주께서 나를 아시고 나를 보시며
내 마음이 주를 향하여 어떠함을 감찰하시오니
양을 잡으려고 끌어냄과 같이 그들을 끌어내시되
죽일 날을 위하여 그들을 구별하옵소서
4 언제까지 이 땅이 슬퍼하며
온 지방의 채소가 마르리이까
짐승과 새들도 멸절하게 되었사오니
이는 이 땅 주민이 악하여 스스로 말하기를
그가 우리의 나중 일을 보지 못하리라 함이니이다
5 만일 네가 보행자와 함께 달려도 피곤하면
어찌 능히 말과 경주하겠느냐
네가 평안한 땅에서는 무사하려니와
요단 강 물이 넘칠 때에는 어찌하겠느냐
6 네 형제와 아버지의 집이라도 너를 속이며
네 뒤에서 크게 외치나니
그들이 네게 좋은 말을 할지라도 너는 믿지 말지니라
7 내가 내 집을 버리며 내 소유를 내던져
내 마음으로 사랑하는 것을
그 원수의 손에 넘겼나니
8 내 소유가 숲속의 사자 같이 되어서
나를 향하여 그 소리를 내므로
내가 그를 미워하였음이로라
9 내 소유가 내게 대하여는 무늬 있는 매가 아니냐

매들이 그것을 에워싸지 아니하느냐
너희는 가서 들짐승들을 모아다가 그것을 삼키게 하라
10 많은 목자가 내 포도원을 헐며 내 몫을 짓밟아서
내가 기뻐하는 땅을 황무지로 만들었도다
11 그들이 이를 황폐하게 하였으므로
그 황무지가 나를 향하여 슬퍼하는도다
온 땅이 황폐함은 이를 마음에 두는 자가 없음이로다
12 파괴하는 자들이 광야의 모든 벗은 산 위에 이르렀고
여호와의 칼이 땅 이 끝에서 저 끝까지 삼키니
모든 육체가 평안하지 못하도다
13 무리가 밀을 심어도 가시를 거두며
수고하여도 소득이 없은즉
그 소산으로 말미암아 스스로 수치를 당하리니
이는 여호와의 분노로 말미암음이니라

### 건너뛴 장 내용 요약

10장 우상들과 여호와
11장 파괴된 언약과 예레미야 암살 음모

## V. 관찰문제의 바른 답

### 말씀 돋보기(관찰)

**1** 예레미야가 하나님께 한 질문은 무엇인가?(12:1)

악인들이 이 세상에서 성공하고 번영하는 일이 어떻게 가능한지를 질문한다.

Tip 예레미야는 자신을 암살하려던 사람들을 생각하며(cf. 11:18-20) 악인들이 이 세상에서 성공하고 번영하는 일이 어떻게 가능한지를 세상을 다스리시는 하나님께 질문한다. 선지자 뿐만 아니라 공평과 정의의 하나님이

이 세상을 통치하신다는 것을 믿는 사람이라면 누구든지 한 번쯤 해보는 질문이다(cf. 욥 21:7; 시 37; 49; 73; 합 1:2–4; 말 2:17; 3:14–15). 예레미야가 더 혼란스러운 이유는 하나님이 직접 악인들을 그분이 다스리는 의로운 세상에 '심으셨기' 때문이다. 하나님이 심으신 이 악인들은 세상에 뿌리를 내리고 자라며, 열매도 맺는다(2절). 물론 그들이 맺는 열매는 악한 것이다. 이사야 선지자는 악인들이 세상에서 맺는 열매는 욕심, 왜곡, 방탕, 교만, 부정 등으로 정의한다(cf. 사 5장). 예레미야가 문제 삼고 있는 사람들은 '세상의 악인들'이 아니라, '믿음의 공동체' 안에 존재하는 악인들이라는 점이다. 선지자는 비록 입으로는 여호와를 사랑한다고 말할지라도(믿음 공동체에 속할지라도) 삶과 행동에서 그 사실을 드러내지 않는 주의 백성을 모두 악인 취급(세상 사람들과 별반 다를 바가 없다)한다. 예레미야를 힘들게 하고 그에게 분노를 안겨주는 사람들은 여호와를 전적으로 부인하는 사람들이 아니다. 그들은 대중 앞에서는 하나님을 사랑한답시고 떠들어대던 거짓 선지자들이요 종교인들이다.

**2** 예레미야가 악인들의 죄에 대해 심판을 요구하는 이유 두 가지는 무엇인가?(12:4)

a) 자연세계가 인간의 죄 때문에 고통을 받고 있기 때문에

b) 사람들은 공평과 정의의 하나님이 더 이상 인간의 일에 관심이 없다고 단정하고 각자 자기 마음대로 살아가려고 하기 때문에

Tip

예레미야가 악인들의 죄를 용서하거나 묵인하지 않고, 하나님께 심판을 요구하는 이유는 두 가지이다.

첫째, 자연세계가 인간의 죄 때문에 당하고 있는 고통이 속히 끝나야 한다. 성경은 인간이 죄를 지으면 그 뿐만 아니라 그가 사는 땅도 저주를 받아 황폐해진다고 말한다(23:10; 호 4:1–3; cf. 신 28:23–24; 암4:7). 자연은 인간의 지배를 받고 있으며, 만일 지도자가 잘못되면 지도자 뿐만 아니라 그가 지배하는 영역까지도 함께 대가를 치러야 한다. 창조 세계의 고통을 끝내기 위해서라도 악인들이 심판을 받아야 한다.

둘째, 악인들이 성행하는 세상이 되면 사람들은 공평과 정의의 하나님이

더 이상 인간의 일에 관심이 없다고 단정하고 각자 자기 마음대로 살아가려고 할 것이다(cf. 4절). 악인들이 심판을 받지 않는다면 하나님이 주신 기준에 따라 나름 경건하고 거룩하게 살려고 노력하는 사람들에게는 참으로 힘이 빠지는 일이다. 그러므로 예레미야는 경건한 사람들의 낙심과 타락을 막기 위해서라도 하나님이 악인들을 심판 하셔야 한다고 주장한다.

**3** 하나님은 두 가지 비유로 대답 하신다. 그 두 가지 비유는 무엇이며, 예레미야에게 당부하시는 것은 무엇인가?(12:5-6)

a) 달리기

b) 요단강

당부: 아무도 믿지 말아라

Tip

하나님의 대답은 일종의 동문서답이며, 두 가지의 비유를 통해 말씀하신다.

첫째, "네가 사람과 달리기를 해도 피곤하면, 어떻게 말과 달리기를 하겠느냐?"(새번역) 만일 사람과 달려서도 이렇게 힘들어 한다면, 앞으로 말과 달려야 할 때는 얼마나 더 힘이 들겠느냐는 논리이다. 예레미야가 지금까지 경험한 일들이 하나님과 세상에 대한 그의 사고방식을 흔들어 놓았다면, 앞으로 그가 경험할 일들은 훨씬 더 혹독하고 고통스러울 것이며, 선지자의 사고 체계와 신앙을 완전히 흔들어 놓을 수도 있다는 뜻이다.

둘째, "네가 안전한 땅에서도 비틀거린다면, 요단 강의 창일한 물속에서는 어찌하겠느냐?"(5절; 새번역 각주) 악인들에게 시달리는 예레미야는 너무 힘들다며 아픔을 토로하고 있지만, 그가 경험하는 고통은 마치 요단 강의 급류와 들짐승들로 득실거리는 강 주변의 숲을 헤치고 나가야 할 일을 앞둔 사람이 조용하고 안전한 땅에서 넘어졌다며 아프다고 소리치는 것과 같다는 것이다.

이 말씀을 통해 하나님은 선지자에게 철저한 '홀로서기'를 요구하신다. 예레미야가 하나님의 말씀을 신실하게 전한다면, 그는 모든 사람들로부터 고립될 것이다. 심지어는 가족들에게도 외면을 당하게 될 것이다. 예레미야는 온 유다를 향해 그들이 가장 듣기 싫어하는 메시지를 전하고 있기 때문이다.

선지자의 체험은 하나님께 소명을 받고 능력까지 받은 종이라 할지라도 고통과 연단이 따른다는 사실을 강조한다. 모든 주님의 백성은 각자가 감당해야 할 고난과 고민이 있다. 그래서 예수님은 우리에게 십자가를 지고 그분을 따르라고 하셨다(마10:38; 16:24).

**4** 이스라엘을 버리시는 하나님의 아픈 마음을 표현하는 것은 무엇인가?(12:7)

자기 집을 버린다.

**Tip** 자기 백성을 버리기로 결정하신 하나님의 마음은 편치 않다. 그래서 하나님은 안타까운 마음으로 이스라엘을 버리신다. 예레미야는 하나님의 복잡하고 아픈 심경을 표현하기 위해 하나님이 이스라엘을 버리시는 일을 '자기 집을 버리는 일'에 비교한다(7절). 세상에 어떤 사람이 자기가 사는 집을 버리기를 기뻐하겠는가? 여호와께서 이스라엘을 버리기로 결정하셨을 때 주님은 마치 자기 집을 버리는 사람처럼 많이 아파하셨다. 하나님은 한 때 자랑스럽게 여기던 기업 이스라엘을 버리기로 결정하셨음을 선언하신다. 여호와께서 자기 백성을 버리기로 결정하신 일이 확고부동함을 강조하기 위해 예레미야는 7절에서 '내가 버렸다 …. 내가 포기했다 …. 내가 넘겨주었다' 등 세 번씩이나 하나님이 이스라엘을 버리셨음을 선언한다. 뿐만 아니라 하나님은 8절에서 결정적인 선언을 하신다: '내가 그를 미워하였음이로다'. 하나님의 극에 달한 감정이 본문에서 여러 비유를 통해 묘사된다.

**5** 하나님의 포도원인 이스라엘은 하나님의 심판을 받아 어떻게 되었는가?(12:10-11)

황무지

Tip

한 때는 하나님의 포도원이었던 이스라엘을 많은 목자가 와서 짓밟는다(10절). 고대 근동에서 '목자'는 흔히 왕을 의미했다. 따라서 이 말씀은 이스라엘이 여러 이방 왕들에게 짓밟힐 것을 암시한다. 그들은 여호와의 포도원 이스라엘을 황무지로 만들 것이다(10절). 황무지가 되어버린 포도원이 주인을 향하여 도와 달라고 애원하지만(11절), 오히려 더 많은 침략자들과 파괴자들이 몰려와서 포도원을 절단냈다(12절). 처음부터 침략자들은 '여호와의 칼'이었기 때문이다(12절). 하나님이 이방인들을 사용해 그의 백성을 심판하신 것이다. 외부에서 온 파괴자들 앞에서 이스라엘 백성 중 안전한 사람은 아무도 없다.

## Ⅵ. 적용과 나눔

### 삶의 내비게이션(적용)

**1** 예레미야는 공평과 정의의 하나님께 악인이 이 땅에서 잘되는 것에 대해 질문한다. 당신은 과거에 악인이 잘되는 것을 보고 하나님께 질문하거나 불평한 경험이 있는가?

관찰문제 1번 참고. 정의의 하나님이 통치하는 세상에서 악인이 성행하는 것은 하나님의 성품과 능력에 대해 매우 심각한 이의를 제기할 수 있는 중요한 문제이다. 그러므로 예레미야의 질문은 세상에 악이 존재하는 것이 세상을 다스리는 선하신 하나님의 속성에 모순되지 않는다고 주장하는 신정론에 관한 것이다. 예레미야를 가장 힘들게 하고 그에게 큰 분노를 안겨주는 사람들은 여호와를 전적으로 부인하는 사람들이 아니다. 그들은 대중 앞에서는 하나님을 사랑한답시고 떠들어대던 거짓 선지자들이요 종교인들이다. 참되고 신실한 믿음보다는 거짓과 위선적인 신앙이 판을 치고 있는 현실이다. 각자가 과거에 악인이 잘되는 것을 보고 하나님께 질문하거나 불평한 경험이 있는지 서로 이야기를 나누어 보도록 한다. 예를 들면, 열심히 했는데 나는 점수가 안 나오고, 컨닝을 한 친구가 점수가 잘 나오거나, 직장에서 묵묵히 일하는 사람보다 상사에게 잘 보이고 자기일은 등한시 한 사람이 먼저 승진을 하거나, 교회에서도 일은 내가 다 했는데 칭찬은 사진 찍을 때 나타난 사람이 다 받거나, 가정에서도 잘못은 동생이 했는데 혼은 형이 나는 경우도 있다.

**2** 하나님은 예레미야가 사소한 문제로 시험에 드는데 더 큰 연단은 어떻게 감당하겠는가 라고 말씀하신다. 지금 당장은 이해가 안되고 용납이 안되는 것은 무엇인가?

관찰문제 3번 참고. 사람과 달리기를 해서 피곤하면 어떻게 말과 달리기를 하겠느냐는 하나님의 말씀과 안전한 땅에서도 흔들린다면 요단강의 창일한 물속에서 어떻하겠냐는 말씀은 사소한 문제로 힘들어 한다면 더 큰 문제가 온다면 어떻게 감당하겠느냐는 말씀이다. 다시 말하면 지금까지 경험한 것은 앞으로 경험하게 될 일들에 비하면 아무것도 아니다. 살다 보면 너무나도 기가 막히고 불합리한 일을 당할 때가 있고, 탄식하며 하나님께 울부짖는 것이 유일한 기도일 때가 있다. 그러나 지금은 그 때가 아니라는 것이다. 지금을 살아가는 우리는 당장 닥친 일이 가장 크고 힘든 일로 느껴진다. 그러나 막상 지나고 보면 사소한 문제일 때가 많다. 각자가 이해가 안되고 용납이 안되는 것에 대해 이야기를 나누어 보도록 한다. 이해가 안되고 용납이 안되던 문제들도 살다 보면 이해가 되고, 시간이 지나면서 하나님이 깨닫게 하시거나, 지금은 큰 이슈이지만 이슈가 되지 않는 순간이 온다. 인도자는 설명하지 말고, 구성원들이 스스로 이야기하도록 돕는다.

**3** 만약 하나님이 당신을 버린다면 당신은 어떤 마음이겠는가?

관찰문제 4번 참고. 이스라엘은 여호와께 버림을 받기 전에 매우 소중한 존재로 여기셨다. '유산/기업'이란 단어를 사용하여 그것을 잘 표현하고 있다. 이스라엘은 한 국가로 탄생할 때부터 여호와의 특별한 소유였다는 의미이다(신 32:9). 그러므로 여호와 외에는 그 누구도 이스라엘을 소유할 수 없다. 이러한 사실을 강조하기 위해 하나님은 이스라엘을 지속적으로 '내 소유'라고 부르신다(7,8,9절). 그러나 문제는 하나님의 소유인 이스라엘이 주님의 기업으로 남기 싫어한다는 것이다. 그들은 계속해서 여호와께 등을 돌리고 이방 신들을 찾아 나섰다. 이에 하나님은 이스라엘을 버리신다. 마치 자기 집을 버리는 것처럼 이스라엘을 버리신다. '내 소유' 이스라엘을 버리시는 하나님께서 우리도 버리실 수 있다. 각자가 하나님이 버리신다면 어떤 마음이겠는가 이야기를 나누어 보도록 한다. 마음이 아프고, 어쩔 줄 몰라 할 수도 있지만, 무감각 하게 받아들일 수도 있다. 마치 이스라엘처럼. 각자의 이야기를 나누어 본다. 그렇게 생각하는 이유에 대해서도 말해 보도록 한다.

## Ⅶ. 마무리

기도로 마무리한다.
제8주 관찰문제를 예습해 오도록 한다.
실천과제를 제시한다.

### 생활의 아로마(실천)

예 1) 혹시 성령의 열매가 아닌 하나님이 미워하시는 악한 열매를 드러내고 있는지 점검하도록 한다.

# 제8주 넌 빠져!

예레미야 14:10-18

## 학습목표

하나님은 유다를 향한 선지자의 탄원은 거절하셨지만, 그 마음은 아프다는 사실을 알 수 있다.

KEYWORD **법, 눈물, 하나님의 심정**

## Ⅰ. 찬양과 기도

## Ⅱ. 지난주 실천과제 나눔

## Ⅲ. 복습문제 풀이

### 복습

**1** 예레미야가 하나님께 한 질문은 무엇인가?(12:1)

악인들이 이 세상에서 성공하고 번영하는 일이 어떻게 가능한지를 질문한다.

## Ⅳ. 말씀 예레미야 14:10-18을 다 함께 읽는다

14:10 여호와께서 이 백성에 대하여 이와 같이 말씀하시되 그들이 어그러진 길을 사랑
하여 그들의 발을 멈추지 아니하므로 여호와께서 그들을 받지 아니하고 이제 그들의

죄를 기억하시고 그 죄를 벌하시리라 하시고 11 여호와께서 또 내게 이르시되 너는 이
백성을 위하여 복을 구하지 말라 12 그들이 금식할지라도 내가 그 부르짖음을 듣지 아
니하겠고 번제와 소제를 드릴지라도 내가 그것을 받지 아니할 뿐 아니라 칼과 기근과
전염병으로 내가 그들을 멸하리라 13 이에 내가 말하되 슬프도소이다 주 여호와여 보
시옵소서 선지자들이 그들에게 이르기를 너희가 칼을 보지 아니하겠고 기근은 너희에
게 이르지 아니할 것이라 내가 이 곳에서 너희에게 확실한 평강을 주리라 하나이다 14
여호와께서 내게 이르시되 선지자들이 내 이름으로 거짓 예언을 하도다 나는 그들을
보내지 아니하였고 그들에게 명령하거나 이르지 아니하였거늘 그들이 거짓 계시와 점
술과 헛된 것과 자기 마음의 거짓으로 너희에게 예언하는도다 15 그러므로 내가 보내
지 아니하였어도 내 이름으로 예언하여 이르기를 칼과 기근이 이 땅에 이르지 아니하
리라 하는 선지자들에 대하여 여호와께서 이와 같이 말씀하셨노라 그 선지자들은 칼
과 기근에 멸망할 것이요 16 그들의 예언을 받은 백성은 기근과 칼로 말미암아 예루살
렘 거리에 던짐을 당할 것인즉 그들을 장사할 자가 없을 것이요 그들의 아내와 아들과
딸이 그렇게 되리니 이는 내가 그들의 악을 그 위에 부음이니라

17 너는 이 말로 그들에게 이르라
내 눈이 밤낮으로 그치지 아니하고 눈물을 흘리리니
이는 처녀 딸 내 백성이 큰 파멸,
중한 상처로 말미암아 망함이라
18 내가 들에 나간즉 칼에 죽은 자요
내가 성읍에 들어간즉 기근으로 병든 자며
선지자나 제사장이나 알지 못하는 땅으로 두루 다니도다

## 건너뛴 장 내용 요약

13장 부패한 백성과 심판

## V. 관찰문제의 바른 답

### 말씀 돋보기(관찰)

**1** 하나님의 마음이 변하게 된 이유는 무엇인가?(14:10)

이스라엘이 어그러진 길을 사랑하여

Tip 예레미야가 이스라엘을 대신해 하나님께 간절히 호소했지만 하나님의 응답은 의외로 차가웠다. 하나님이 이스라엘을 두고 '이 백성'이라고 표현하는데 이 표현은 항상 부정적인 의미로 사용되었다(4:10-11; 15:20; 15:10; 23:32). 하나님은 이스라엘이 처음부터 지금까지 줄곧 하나님을 거역해 왔기 때문에 더 이상 심판을 피할 수 없다고 단호하게 선언하신다(10절). 주의 백성들이 너무나 오랫동안, 너무나 많은 죄를 저질렀기 때문에 이런 날이 왔다. 실제로 그들은 아직도 하나님을 사랑하지 않고 어그러진 길을 사랑한다(10절). '사랑한다' 동사는 예레미야서에서 3 차례 사용되는데(2:25; 5:31; 8:2), 항상 이스라엘의 죄를 묘사하고 있다. 이스라엘은 심판이 임박한 순간까지 하나님을 따르는 것보다 죄의 길을 걷는 것을 더 즐겼다.

**2** 하나님의 마음이 돌이킬 수 없는 심판으로 기울어졌다는 사실을 의미하는 표현은 무엇인가?(14:11)

더 이상 그들을 위해 기도하지 말라

Tip 하나님은 예레미야에게 더 이상 그들을 위해 기도하지 말라고 명령하신다(11절). 하나님의 마음은 이미 돌이킬 수 없이 심판 쪽으로 기울어져 있으며, 선지자의 중보도 더 이상 주님의 마음을 움직일 수 없다는 것이다. 그것은 예레미야도 임박한 하나님의 심판을 현실로 받아들여야 한다는 권면이다. 이스라엘이 아무리 하나님 앞에서 금식을 하며 부르짖고 예배를 드리며 제물을 바쳐도 주님은 결코 듣지도, 받지도 않을 것이라고 말씀하신다(12절). 금식과 제물을 바치는 일과 같은 종교 행위는 결코 하나님을 매수하는 수단이 될 수 없다. 하나님의 말씀에 따라 경건하고 거룩하게 살지 않으면서 금식을 하고 제물을 드리는 것은 위선이기 때문에 선지자들은 오히려 하나님 앞에 죄를 더 쌓는 결과를 초래한다고 일관되게 가르친다. 육체의 할례가 마음의 할례를 대신할 수 없듯이 형식과 예식이 공의와 정의를 추구하는 삶을 대신할 수 없다.

**3** 이스라엘에게 임할 재앙 세 가지는 무엇인가?(14:12)

칼, 기근, 전염병

Tip 과거에는 희미하게나마 하나님과의 대화 채널이 열려 있었지만 이제는 그 채널이 굳게 닫혔다. 예레미야는 피할 수 없는 심판의 확고함을 강조하기 위해 그들에게 임할 재앙을 칼, 기근, 전염병 세 가지로 표현하고 있다. 이 세가지 재앙은 모두 언약적인 저주에 해당한다. 언약의 종주이신 하나님이 종속자인 이스라엘이 언약을 깨뜨릴 때 내리는 형벌로 다스리시겠다는 것이다.

**4** 거짓 선지자들과 그들의 예언을 받은 백성들에게 임할 심판은 무엇인가?(14:15-16)

함께 멸망

Tip 하나님은 현혹한 지도자들이나 현혹당한 일반인들이나 함께 멸망할 것이라고 답하신다. 잘못 인도한 사람들과 잘못 인도받은 사람들 모두 책임을 면치 못할 것이다. 이러한 상황이 불공평하다고 할 수 있겠지만, 하나님은 이미 오래전부터 잘못 인도받은 백성에게 지속적으로 참 선지자들을 보내셨다. 선자자들은 하나님께 받은 말씀을 그대로 전했으며, 그들이 선포한 말씀은 백성을 현혹하는 지도자들이 하는 말과 상반될 수밖에 없었다. 그러나 들어야 하는 메시지보다는 듣고 싶은 메시지를 선호했던 백성은 하나님이 보내신 참 선지자들의 말씀을 듣지 않았다. 그러므로 이 백성이 잘못된 메시지에 현혹된 것은 그 무엇보다도 거짓 메시지를 선호한 그들의 책임이 크다. 아무리 거짓 선지자들이 평안을 선포해도 백성이 분별력을 지니고 있었다면 거짓에 혹할 일은 없을 것이다. 하나님은 거짓 선지자들에게 놀아난 백성에게도 책임이 있다고 말씀하신다.

**5** 선지자의 탄원을 거절한 하나님의 마음을 표현하는 것은 무엇이며, 하나님의 눈물이 마르지 않는 이유는?(14:17-18)

마음: 내가 밤낮으로 울었다

이유: 온 유다 땅에 시체와 신음 소리가 가득하기 때문에

**Tip** 하나님은 어떤 심정으로 선지자의 호소를 거부했는지 말씀하신다: "내 눈에서 밤낮 하염없이 눈물이 흘러내릴 것이다. 처녀 딸, 내 사랑스러운 백성이, 참혹하게 얻어맞아 죽을 지경에 이르렀기 때문이다"(17절; 새번역). 백성을 심판해야 하는 하나님의 심정이 이렇게도 아프고 괴롭다. 이스라엘에 심판이 임하면 하나님이 가해자이고, 주의 백성이 피해자라고 생각하기 쉽다.

그러나 백성의 죄로 그들에게 심판이 임할 때, 정작 가해자는 주의 백성(viz., 그들의 죄)이고 가장 아파하고 괴로워하는 피해자는 하나님이다. 또한 하나님의 눈물이 마르지 않는 이유는 온 유다 땅에 시체와 신음 소리가 가득하기 때문이다(18절). 도시도, 시골도 전쟁에 희생된 사람들의 시체로 온통 덮여 있다. 주의 백성을 현혹했던 [거짓] 선지자들과 제사장들은 모두 그들이 알지 못하던 땅으로 끌려갈 것이다. 백성을 잘못 인도한 죗값을 물으시는 것이다. 이처럼 참혹한 백성의 고통을 바라보며 하나님은 하염없이 눈물을 흘리신다. 심판은 결코 분노한 하나님을 만족시키는 것이 아니다. 오히려 하나님을 아프게 한다.

## 삶의 내비게이션(적용)

**1** 이스라엘은 심판이 임박한 순간에도 하나님을 따르는 것 보다는 죄의 길을 더 즐겼다. 당신이 과거에 어그러진 길을 간 경험은 무엇이었는가?

관찰문제 1번 참고. 하나님은 이스라엘이 처음부터 지금까지 줄곧 하나님을 거역해 왔기 때문에 더 이상 심판을 피할 수 없다고 단호하게 선언하신다(10절). 주의 백성들이 너무나 오랫동안, 너무나 많은 죄를 저질렀기 때문에 이런 날이 왔다. 실제로 그들은 아직도 하나님을 기뻐하지 않고 어그러진 길을 사랑한다(10절). 각자가 과거에 어그러진 길로 간 경험을 이야기 해 보도록 한다. 하나님이 원하시는 길이 아닌 어그러진 길로 간 경험, 부모님의 뜻에 반항하여 어그러진 길로 간 경험, 선생님의 가르침에 따르지 않고 어그러진 길로 간 경험 등 다양한 분야에서 이야기를 나누어 볼 수 있다.

**2** 이스라엘은 들어야 하는 메시지보다 듣고 싶은 메시지를 선호했다. 영적 성장을 위해 당신이 들어야 하는 메시지는 무엇이며, 듣기 좋은 메시지는 무엇인가?

관찰문제 4번 참고. 사람들은 대체적으로 듣고 싶어 하는 메시지에는 열광하지만, 듣기 싫은 메시지에는 반발한다. 선지자들이 축복을 선언하면 사람들은 축복으로 화답할 것이며, 선지자들이 심판과 저주를 선언하면, 사람들은 그들을 저주한다. 선지자들이 선포하는 말씀이 하나님의 말씀인가는 상관없다. 단지 자신들이 듣고 싶은 메시지에 화답할 뿐이다. 각자가 영적 성장을 위해 들어야 하는 메시지는 무엇인가 이야기를 나누어 보도록 한다. 듣기 좋은 메시지는 무엇인가에 대해서도 서로 말해 보도록 한다.

예를 들면, 교회에서 들어야 하는 메시지는 심판 메시지, 듣고 싶은 메시지는 축복의 말씀이다. 가정에서 들어야 하는 메시지는 부모님의 자녀를 위한 조언, 듣고 싶은 메시지는 칭찬의 말이다. 사회에서 들어야 하는 메시지는 멘토의 충고, 듣고 싶은 메시지는 연예인의 소식이다.

각자 자신을 돌아보는 시간을 갖도록 한다. 들어야 하는 메시지를 듣기 위해 노력해야 하는 부분에 대해서도 서로 의견을 교환하도록 한다.

**3** 예레미야는 이스라엘을 위해 중보기도를 한다. 당신은 누구와 무엇을 위해 기도로 중보하고 있는가?

관찰문제 2번 참고. 예레미야 선지자는 이스라엘 백성들을 위해서 계속해서 중보기도를 한다. 선지자는 다른 곳으로 옮겨진 것처럼 느껴지는 하나님의 관심을 불러일으켜 자기 백성을 향하게 하기 위해서 애를 쓴다. 그리고 '우리를 버리지 마옵소서' 하고 간절히 호소한다. 각자가 누구를 위해, 무엇을 위해 기도로 중보하고 있는가 이야기를 나누어 보도록 한다. 가족을 위해, 이웃을 위해, 교회를 위해, 나라와 민족을 위해, 하나님 나라를 위해 등 다양한 중보기도를 할 수 있다. 만일 기도하고 있지 않다면 앞으로 무엇을 위해 중보기도하고 싶은가에 대해 이야기를 나누고 꾸준히 기도하도록 돕는다.

## Ⅶ. 마무리

기도로 마무리한다.
제9주 관찰문제를 예습해 오도록 한다.
실천과제를 제시한다.

### 생활의 아로마(실천)

예 1) 어그러진 길에 있나 점검하고 적극적으로 하나님을 향해 방향을 전환하도록 한다.

2) 죄 속에 사는 사람을 위해 애틋하게 중보기도 하도록 한다.

# 제9주 진흙과 토기장이

**예레미야 18:1-18**

## 학습목표

진흙과 토기장이 비유를 통해 하나님과 인간의 관계를 알 수 있다.

KEYWORD **그릇, 옛길, 주권**

## Ⅰ. 찬양과 기도

## Ⅱ. 지난주 실천과제 나눔

## Ⅲ. 복습문제 풀이

### 복습

**1** 선지자의 탄원을 거절한 하나님의 마음을 표현하는 것은 무엇이며, 하나님의 눈물이 마르지 않는 이유는?(14:17-18)

마음: 내가 밤낮으로 울었다

이유: 온 유다 땅에 시체와 신음 소리가 가득하기 때문에

## Ⅳ. 말씀 예레미야 18:1-18을 다 함께 읽는다

18:1 여호와께로부터 예레미야에게 임한 말씀에 이르시되 2 너는 일어나 토기장이의 집

으로 내려가라 내가 거기에서 내 말을 네게 들려 주리라 하시기로 [3] 내가 토기장이의
집으로 내려가서 본즉 그가 녹로로 일을 하는데 [4] 진흙으로 만든 그릇이 토기장이의
손에서 터지매 그가 그것으로 자기 의견에 좋은 대로 다른 그릇을 만들더라 [5] 그 때에
여호와의 말씀이 내게 임하니라 이르시되 [6] 여호와의 말씀이니라 이스라엘 족속아 이
토기장이가 하는 것 같이 내가 능히 너희에게 행하지 못하겠느냐 이스라엘 족속아 진
흙이 토기장이의 손에 있음 같이 너희가 내 손에 있느니라 [7] 내가 어느 민족이나 국가
를 뽑거나 부수거나 멸하려 할 때에 [8] 만일 내가 말한 그 민족이 그의 악에서 돌이키
면 내가 그에게 내리기로 생각하였던 재앙에 대하여 뜻을 돌이키겠고
[9] 내가 어느 민족이나 국가를 건설하거나 심으려 할 때에 [10] 만일 그들이 나 보기에 악
한 것을 행하여 내 목소리를 청종하지 아니하면 내가 그에게 유익하게 하리라고 한 복
에 대하여 뜻을 돌이키리라 [11] 그러므로 이제 너는 유다 사람들과 예루살렘 주민들에
게 말하여 이르기를 여호와의 말씀에 보라 내가 너희에게 재앙을 내리며 계책을 세워
너희를 치려 하노니 너희는 각기 악한 길에서 돌이키며 너희의 길과 행위를 아름답게
하라 하셨다 하라 [12] 그러나 그들이 말하기를 이는 헛되니 우리는 우리의 계획대로 행
하며 우리는 각기 악한 마음이 완악한 대로 행하리라 하느니라

[13] 그러므로 여호와께서 이와 같이 말씀하시니라
너희는 누가 이러한 일을 들었는지
여러 나라 가운데 물어보라
처녀 이스라엘이 심히 가증한 일을 행하였도다
[14] 레바논의 눈이 어찌 들의 바위를 떠나겠으며
먼 곳에서 흘러내리는 찬물이 어찌 마르겠느냐
[15] 무릇 내 백성은 나를 잊고
허무한 것에게 분향하거니와
이러한 것들은 그들로 그들의 길
곧 그 옛길에서 넘어지게 하며
곁길 곧 닦지 아니한 길로 행하게 하여
[16] 그들의 땅으로 두려움과 영원한 웃음 거리가 되게 하리니
그리로 지나는 자마다 놀라서 그의 머리를 흔들리라
[17] 내가 그들을 그들의 원수 앞에서 흩어 버리기를
동풍으로 함 같이 할 것이며

그들의 재난의 날에는 내가 그들에게 등을 보이고
얼굴을 보이지 아니하리라

[18] 그들이 말하기를 오라 우리가 꾀를 내어 예레미야를 치자 제사장에게서 율법이, 지혜로운 자에게서 책략이, 선지자에게서 말씀이 끊어지지 아니할 것이니 오라 우리가 혀로 그를 치고 그의 어떤 말에도 주의하지 말자 하나이다

건너뛴 장 내용 요약
15장 기업을 버리신 하나님
16장 심판과 약속
17장 경고와 권면

## V. 관찰문제의 바른 답

### 말씀 돋보기(관찰)

**1** 하나님은 토기장이의 비유를 통해 무엇을 말씀하시고자 하는가? (18:6)

이스라엘이 홀로 존재하는 것이 아니라, 하나님의 통제와 지배를 받고 있다는 말씀

**Tip** 토기장이가 진흙으로 그릇을 빚다가 흡족하지 않거나 마음이 바뀌면 그 흙으로 다른 그릇을 빚는 것을 지켜보고 있을 때 하나님의 말씀이 예레미야에게 임했다. 그 의미는 이스라엘과 하나님의 관계는 진흙과 토기장이의 관계가 비슷하다는 것이다(6절; cf. 사 29:16; 45:9; 64:8). 하나님은 이스라엘을 창조한 분이기 때문에 그들의 운명을 자기 계획과 의지에 따라 정할 수도 있고 바꾸실 수도 있다. 이 말씀은 이스라엘이 홀로 존재하는 것이 아니라, 하나님의 통제와 지배를 받고 있다는 것을 의미한다. 또한 진흙의 상태와 작업 여건은 토기장이가 하고자 하는 일에 영향을 미칠 수 있다. 그러므로 이 비유는 이스라엘(진흙)이 하나님(토기장이)의 결

정에 어떤 영향을 미치고 있는가에 관한 것이다.

**2** 이스라엘이 사형선고를 받았지만 아직도 두 가지 선택이 가능하다. 가능한 결과는 무엇인가?(18:7-10)

a) 악에서 돌이키는 사람은 심판을 피할 수 있다.

b) 선을 멈추는 사람은 심판을 피할 수 없다.

Tip

이스라엘이 이미 사형선고를 받았지만 지금이라도 회개하고 하나님께 간구하면 형 집행을 피할 수도 있다. 이스라엘의 토기장이인 여호와께서 그들의 운명을 새롭게 빚어 주실 것이기 때문이다.

첫째, 악에서 돌이키는 사람들은 심판을 피할 수 있다(7-8절). 만일 하나님이 악한 백성을 뿌리 뽑겠다고 이미 심판을 선언하셨다 하더라도(cf. 1:10), 그 백성이 돌이켜 회개하면 하나님은 이미 선고된 심판과 징계를 거두실 것이다. 궁극적으로 하나님의 심판의 목적은 죄인들이 회개하면, 하나님은 언제든지 심판을 거두어 들이실 수 있다.

둘째, 선을 멈추는 사람들은 심판을 피할 수 없다(9-10절). 하나님이 선을 행한 백성에게 많은 축복과 '뿌리내림'을 약속하셨다 하더라도, 만일 그들이 선에서 돌이켜 악을 행하면 하나님은 이미 하신 약속을 거두고 그들을 '뿌리째 뽑으실' 것이다. 과거의 선행이 미래의 심판에 미치는 영향력은 제한적이라는 의미이다. 지금까지 아무리 신실하게 살아왔다 하더라도 죄를 짓기 시작하면 그들에게는 어두운 미래가 기다리고 있다.

**3** 이스라엘의 반역과 우상숭배가 어떤 길로 묘사되고 있는가?(18:15)

닦지 않은 곁길

Tip

우상은 옛길에서 넘어지게 하며, '닦지 않은 곁길'로 가게 한다(15절). '옛길'이란 하나님이 기뻐하시는 길로 율법과 선지서들을 통해 제시된 삶의 방식을 뜻한다. 반면에 '닦아지지 않은 곁길'은 모든 것이 낯설고 정도인 '옛길'을 벗어난 부도덕한 삶의 방식을 의미한다. 하나님을 버리고 우상을 숭배한 이스라엘은 어리석고 위험한 길을 갔다는 것을 강조하는 비유이다. 신앙의 연륜을 쌓아갈수록 옛길을 더욱 사모하고 그 길을 가야 한다. 그러나 사람들은 신앙생활의 연수가 늘어갈수록 옛길에 등을 돌리고 오히려 곁길을 걸으며 자신을 합리화한다.

**4** 유다 사람들이 여호와께서 그들을 치셨다는 사실을 깨닫고, 주님께 매달리면 하나님은 어떻게 하실 것인가?(18:17)

하나님은 등을 돌린다.

Tip

유다 사람들이 여호와께서 그들을 치셨다는 사실을 깨닫고 주님께 아무리 소리치며 매달려도 하나님은 등을 돌린 채 그들의 울부짖음을 듣지 않으실 것이다(17절). 하나님의 얼굴이 인간을 향한다는 것은 자비와 은혜가 임한다는 뜻이다(cf. 민 6:24-26). 반면에 등을 돌린다는 것은 하나님이 그를 버리셨다는 의미이다. 본문은 시내산에서 하나님과 이스라엘 사이에 맺어진 '부르짖음-응답'의 언약 관계가 파괴될 것을 암시한다. 이스라엘이 이러한 상황에 처하게 된 것은 그들이 상식과 순리에서 벗어나는 행동을 했기 때문이다.

**5** 예레미야를 암살하려는 계획을 세운 사람들은 누구이며, 그들이 계획한 방법은 무엇인가?(18:18)

a) 누구: 종교지도자

b) 방법: 혀로 그를 치는 것

Tip

사람들은 자꾸 망한다는 말만 하는 예레미야가 곱지 않게 보인다. 그래서 다시 한 번 예레미야를 암살할 음모를 꾸몄다. 본문에서 사회의 지도층인 제사장, 지혜자, 선지자 등 세부류가 예레미야를 암살 음모에 가담한다. 그 이유는 그가 현존하는 사회적-종교적 권세를 비난했기 때문이다. 지도자들은 자신의 이권을 보호하기 위해 하나님의 선지자 예레미야를 거짓 선지자로 몰아 죽이려 하고 있다. 그들의 음모는 '혀로 그를 치는 것'이다. 함께 공모해 성경 말씀을 인용하며 예레미야를 거짓 선지자로 몰아가자는 것이다. 오늘날 많은 이단들은 성경을 악용해 자신들의 교리와 정책을 정당화하는데 이 지도자들이 하는 짓과 별반 다를 바가 없다. 율법에 의하면 거짓 선지자로 밝혀진 사람은 사형에 처한다. 그들은 예레미야에게 누명을 씌워 죽이려 하고 있다.

## Ⅵ. 적용과 나눔

### 삶의 내비게이션(적용)

**1** 하나님의 얼굴이 인간을 향한다는 것은 자비와 은혜가 임한다는 뜻이다. 반면에 등을 돌린다는 것은 하나님이 그를 버리셨다는 의미이다. 과거에 하나님이 당신에게 얼굴을 향한 것과 등을 돌린 것과 같은 경험은 무엇이 있었는가?

관찰문제 4번 참고. 하나님이 이스라엘을 향해 등을 돌리셨다는 것은 시내산에서 하나님과 이스라엘 사이에 맺어진 '부르짖음- 응답'의 언약 관계가 파괴될 것을 암시한다. 이스라엘이 이러한 상황에 처하게 된 것은 그들이 상식과 순리에서 벗어나는 행동을 했기 때문이다. 각자가 과거에 하나님이 얼굴을 향한 것, 또는 등을 돌린 것과 같은 경험은 무엇이 있었는지 이야기를 나누어 보도록 한다. 일이 잘 풀릴 때는 하나님이 얼굴을 향하신 것으로 생각할 수 있다. 반면에 일이 안 풀리면 하나님이 등을 돌리신 것이라고 생각할 수 있다. 예배 시간에 감동과 마음이 뜨거워지면 하나님이 얼굴을 우리에게 향하신 것으로 볼 수 있다. 응답을 받으면 혹은 응답이 없으면 각각의 경우를 생각할 수 있다. 각자의 경험을 이야기하도록 한다.

**2** 이스라엘의 토기장이인 여호와께서 그들의 운명을 새롭게 빚어 주실 수 있다. 하나님은 당신을 무엇으로 빚어 주셨다고 생각하는가?

관찰문제 1번 참고. 이스라엘과 하나님의 관계는 진흙과 토기장이 관계와 비슷하다. 하나님은 이스라엘을 창조하시고 그들의 운명을 본인의 계획과 의지에 따라 바꾸실 수 있다. 하나님은 언제든 회개하고 순종하는 주의 백성에게 은혜와 자비를 베풀어 그들이 당면한 운명을 바꾸어 주실 수도 있다. 성경에서 이처럼 신적 조건성(하나님이 이미 어떤 일을 결정한 후라도 인간의 반응에 따라 언제든지 그 결정을 바꾸실 수 있다는 것)을 언급하는 말씀은 본문이 유일하다(cf. 레 26:40-45; 겔 18:5-29; 33:12-16; 눅 13:3,5; 계 2:5,16,21-24; 3:3, 19-20). 하나님은 니느웨 사람들을 심판하기로 결정했다가 그들이 회개하는 것을 보고 심판을 거두셨다(cf. 욘3:4). 하물며 자기 백성이 돌아오면 받아주시지 않겠는가! 각자가 하나님이 무엇으로 빚어 주셨다고 생각하는지 야기를 나누어 보도록 한다. 깨끗한 그릇, 더러운 그릇, 금 그릇, 은 그릇, 나무 그릇 등. 왜 그렇게 생각하는가에 대해서도 서로 말해 보도록 한다. 각자가 어떤 그릇인가 이야기를 나누었다면 앞으로 어떤 그릇이 되고 싶은가에 대해서도 서로 말해 보도록 한다.

**3** 선을 멈춘 자리는 반드시 악이 그 자리를 채운다. 당신이 선이라고 믿으며 멈추지 않아야 한다고 생각되는 것은 무엇인가?

관찰문제 3번 참고. 하나님이 선을 행한 백성들에게 많은 축복과 '뿌리내림'을 약속하셨다 하더라도 만일 그들이 선에서 돌이켜 악을 행하면 하나님은 이미 하신 약속을 거두고 그들을 '뿌리째 뽑으실' 것이다. 과거의 선행이 미래의 심판에 미치는 영향력은 제한적이라는 의미이다. 지금까지 아무리 신실하게 살아왔다 할지라도 죄를 짓기 시작하면 그들에게는 어두운 미래가 기다리고 있다. 그러므로 지금까지 신실하게 살 수 있었던 것에 대해 하나님께 감사해야 하지만, 방심하지 말고 앞으로 더 신실하게 살아야 한다. 주변에 종종 "믿은지 3대째, 4대째 되는 집안입니다!" 라고 교만하게 말하는 사람을 목격하곤 한다. 중요한 것은 신앙의 기간이 아니라 지금 선을 행하고 있는가 이다. 선을 멈춘 자리는 안타깝게도 악이 그 자리를 채운다. 우리는 선을 멈추면 비어 있을 것이라 생각하는데 그렇지 않다. 반드시 그 자리에는 악이 자리를 잡는다. 그러므로 선을 멈추지 않도록 노력해야 한다. 각자가 선이라고 생각하는 것으로 멈추지 말아야 하는 것은 무엇인가 이야기를 나누어 보도록 한다. 남을 돕는 것을 사람들이 몰라준다고 투덜거릴 것이 없다. '선을 행하되 낙심하지 말지니 때가 되면 거둘 것이다(갈6:9)' 는 말씀이 있지 않은가. 하나님이 기뻐하시는 일을 멈추지 말아야 한다. 경건, 좋은 일, 선행, 삶에 열매가 나타나는 것들을 멈추지 말아야 한다. 반면에 선을 멈춘 자리에는 욕심과 교만이 자리하게 된다. 구성원들이 자연스럽게 이야기를 나누도록 인도자는 돕는다.

## Ⅶ. 마무리

기도로 마무리한다.
제10주 관찰문제를 예습해 오도록 한다.
실천과제를 제시한다.

### 생활의 아로마(실천)

예 1) 어떤 그릇이든 사용 받기 위해 깨끗한 그릇이 되도록 한다.
- 전시용 그릇이 아닌

2) 만약 선이라고 생각하는 것을 갈등하고 있다면, 마음을 고쳐서 꾸준히 실행히도록 한다.

# 제10주 순종의 딜레마

**예레미야 20:1–18**

## 학습목표

성도의 고통가운데 강한 용사의 모습으로 함께 하시는 하나님을 만날 수 있다.

KEYWORD **헌신, 희생, 핍박**

## Ⅰ. 찬양과 기도

## Ⅱ. 지난주 실천과제 나눔

## Ⅲ. 복습문제 풀이

### 복습

**1** 이스라엘의 반역과 우상숭배가 어떤 길로 묘사되고 있는가?(18:15)

닦지 않은 곁길

## Ⅳ. 말씀 예레미야 20:1–18을 다 함께 읽는다

20:1 임멜의 아들 제사장 바스훌은 여호와의 성전의 총감독이라 그가 예레미야의 이
일 예언함을 들은지라 2 이에 바스훌이 선지자 예레미야를 때리고 여호와의 성전에

있는 베냐민 문 위층에 목에 씌우는 나무 고랑으로 채워 두었더니 [3] 다음날 바스훌이
예레미야를 목에 씌우는 나무 고랑에서 풀어 주매 예레미야가 그에게 이르되 여호와
께서 네 이름을 바스훌이라 아니하시고 마골밋사빕이라 하시느니라 [4] 여호와께서 이
와 같이 말씀하시되 보라 내가 너로 너와 네 모든 친구에게 두려움이 되게 하리니 그
들이 그들의 원수들의 칼에 엎드러질 것이요 네 눈은 그것을 볼 것이며 내가 온 유다
를 바벨론 왕의 손에 넘기리니 그가 그들을 사로잡아 바벨론으로 옮겨 칼로 죽이리라
[5] 내가 또 이 성읍의 모든 부와 그 모든 소득과 그 모든 귀중품과 유다 왕들의 모든 보
물을 그 원수의 손에 넘기리니 그들이 그것을 탈취하여 바벨론으로 가져가리라 [6] 바
스훌아 너와 네 집에 사는 모든 사람이 포로 되어 옮겨지리니 네가 바벨론에 이르러
거기서 죽어 거기 묻힐 것이라 너와 너의 거짓 예언을 들은 네 모든 친구도 그와 같으
리라 하셨느니라

[7] 여호와여 주께서 나를 권유하시므로
내가 그 권유를 받았사오며
주께서 나보다 강하사 이기셨으므로
내가 조롱 거리가 되니
사람마다 종일토록 나를 조롱하나이다
[8] 내가 말할 때마다 외치며 파멸과 멸망을 선포하므로
여호와의 말씀으로 말미암아
내가 종일토록 치욕과 모욕 거리가 됨이니이다
[9] 내가 다시는 여호와를 선포하지 아니하며
그의 이름으로 말하지 아니하리라 하면
나의 마음이 불붙는 것 같아서 골수에 사무치니
답답하여 견딜 수 없나이다
[10] 나는 무리의 비방과 사방이 두려워함을 들었나이다
그들이 이르기를 고소하라 우리도 고소하리라 하오며
내 친한 벗도 다 내가 실족하기를 기다리며
그가 혹시 유혹을 받게 되면 우리가 그를 이기어
우리 원수를 갚자 하나이다
[11] 그러하오나 여호와는 두려운 용사 같으시며
나와 함께 하시므로 나를 박해하는 자들이

넘어지고 이기지 못할 것이오며
그들은 지혜롭게 행하지 못하므로 큰 치욕을 당하오리니
그 치욕은 길이 잊지 못할 것이니이다
12 의인을 시험하사 그 폐부와 심장을 보시는 만군의 여호와여
나의 사정을 주께 아뢰었사온즉
주께서 그들에게 보복하심을 나에게 보게 하옵소서
13 여호와께 노래하라
너희는 여호와를 찬양하라
가난한 자의 생명을 행악자의 손에서 구원하셨음이니라
14 내 생일이 저주를 받았더면,
나의 어머니가 나를 낳던 날이 복이 없었더면,
15 나의 아버지에게 소식을 전하여 이르기를
당신이 득남하였다 하여
아버지를 즐겁게 하던 자가 저주를 받았더면,
16 그 사람은 여호와께서 무너뜨리시고
후회하지 아니하신 성읍 같이 되었더면,
그가 아침에는 부르짖는 소리,
낮에는 떠드는 소리를 듣게 하였더면,
좋을 뻔하였나니
17 이는 그가 나를 태에서 죽이지 아니하셨으며
나의 어머니를 내 무덤이 되지 않게 하셨으며
그의 배가 부른 채로 항상 있지 않게 하신 까닭이로다
18 어찌하여 내가 태에서 나와서
고생과 슬픔을 보며
나의 날을 부끄러움으로 보내는고 하니라

## 건너뛴 장 내용 요약

19장 질그릇을 통한 교훈

## V. 관찰문제의 바른 답

### 말씀 돋보기(관찰)

**1** 예레미야는 성전에 예배를 드리러 온 유다 사람들에게 임박한 하나님의 심판에 대해 경고하다가 어떤 고난을 당했는가?(20:2)

매 맞았다.

**Tip** 성전의 총감독 바스훌이 예레미야를 잡아들이고 때렸다(2절). 성전 이권을 가지고 있는 사람들은 참 선지자들의 메시지를 싫어할 수밖에 없다. 그들은 백성들이 여호와의 성전을 부적처럼 여기도록 조장해 이익을 챙기고 있는데 선지자들은 이것을 방해하기 때문이다. 바스훌은 예레미야를 폭행한 후 목에 차꼬를 채워서 베냐민 문 부근에 있는 방에 감금했다. 예레미야가 다른 곳도 아닌 여호와의 성전에서 다름 아닌 여호와의 말씀을 전하다가 다른 사람도 아닌 성전의 책임자에 의해 종교적 포로가 되었다. 다음 날 바스훌은 '성전 영업'에 방해가 되니 다시는 심판을 선포하지 말고 성전에는 얼씬도 하지 말라고 경고하며 선지자를 풀어주었다(3절).

**2** 예레미야가 바스훌의 협박과 폭력에 굴복하지 않고 그에게 지어준 별명은 무엇인가?(20:3)

마골밋사빕

**Tip** 예레미야는 바스훌의 협박과 폭력에 굴복하지 않았다. 오히려 더 분노해 바스훌에게 마골밋사빕(사방에 가득한 공포)이란 별명을 붙여주었다. 성경에서 사람의 이름이 바뀌는 것은 상황 변화나 신분의 변화를 뜻한다(cf. 창 17:5; 32:28; 35:10; 41:45; 단1:7). 마골밋사빕이란 문구는 이미 6:25에서 바빌론 군의 기세를 설명하며 사용된 적이 있고 앞으로도 20:10; 46:5; 49:29 등에서 사용될 것이다. 예레미야는 하나님이 보내신 선지자에게 공포가 된 바스훌이 머지않아 가족과 친지들에게 공포의 대명사가 될 것이라고 예언하고 있다. 바빌론 군이 유다를 쳐서 정복할 때 바스훌과 그의 집안은 무자비한 원수들의 공격을 받아 예루살렘 사람들에게 선지자의 말씀이 어떻게 성취되는가를 보여주는 전시용 사례가 될 것이다.

**3** 예레미야가 자신의 의지와 상관없이 지속적으로 심판의 메시지를 전할 때 사람들의 반응은 어떠했는가?(20:7-9)

비웃음과 조롱

Tip 선지자는 여러 사람들의 비웃음과 조롱의 대상이 되고 있다(7절). 심판의 메시지를 선포하는 것은 선지자가 참으로 싫어하는 일이다. 게다가 듣는 이들도 싫어한다. 결국 예레미야는 메시지를 선포할 때마다 사람들이 야유를 퍼부어대는 모욕과 수모를 감수해야만 한다. 하나님이 아무리 철저하게 선지자를 보호해 주신다 할지라도 예레미야도 감정을 지닌 인간이기 때문에 이러한 상황을 이겨내기가 결코 쉽지 않다.

**4** 선지자가 가장 가까운 친구에게도 공포를 느끼는 가운데 하나님은 선지자에게 어떤 모습으로 함께 하셨는가?(20:11)

용사

Tip 예레미야의 친구들도 그가 스스로 실족하기를 기다리고 있다(10절). 기회를 봐서 가차 없이 선지자에게 일격을 가하겠다는 태세이다. 예레미야는 온 세상을 홀로 상대하고 있었다. 다행히 하나님이 용감무쌍한 용사처럼 예레미야 옆에 서 계셨다. 그래서 누구도 선지자를 넘볼 수 없다(11절). 예레미야는 바로 앞에서 하나님께 속았다며 바스훌로부터 그를 보호해 주시지 않은 것을 원망하고 비난했다(7-9절). 그러다 그 동안 수많은 위협과 심지어 암살 음모들에서 그가 빠져 나올 수 있었던 것은 하나님의 보호하심이 있었기 때문이라는 사실을 깨닫는다.

**5** 선지자의 고통이 컸음을 나타내는 표현은 무엇인가?(20:14-15)

### 자기가 태어난 날에 대한 저주

Tip 예레미야가 하나님의 공의와 정의에 대해 찬양을 마치고, 다시 그동안 있었던 일을 되돌아보니 더 큰 좌절감이 그를 엄습한다. 선지자는 끝이 없는 아픔을 예술적 표현을 써서 가장 슬픈 노래로 부른다. 선지자가 부르는 노래의 핵심 주제는 자기가 태어난 날에 대한 저주이다. 선지자는 어머니의 배 속에서 죽지 못하고 태어나, 잠시나마 부모들에게 기쁨을 준 것을 탄식한다. 예레미야는 특히 그날의 기쁨을 선지자의 가족들과 친지들에게 전하고 나누었던 메신저(아마도 종)를 저주한다(16-17절). 그러므로 '좋지 않은 소식'을 전해야 하는 자신의 극한 고통을 표현하는 것이다. 선지자의 고통이 얼마나 컸으면 세상에 태어난 일에 대해 가장 소중하고 가장 가까이 있는 사람들을 원망하고 있다.

## Ⅵ. 적용과 나눔

### 삶의 내비게이션(적용)

1 당신이 하나님의 자녀가 되었기 때문에 겪었던 어려움과 갈등은 무엇이었는가?

관찰문제 3번 참고. 선지자는 주변에서 웅성거리는 소리를 끊임없이 듣고 있다. 그들은 마굴밋사빕(주변에 가득한 공포)을 외치는 예레미야야 말로 진정한 마굴밋사빕이라 주장하며 그를 당국에 고발해야 한다고 수군거린다(10절). 유다 사람들은 여호와께 등을 돌린 지 오래다. 여호와의 심판 메시지(viz., 유다는 망하여 바빌론으로 끌려갈 것)를 선포하는 선지자는 하나님을 경외하지 않는 사람들에게는 귀찮은 존재이다. 예레미야는 온 세상을 홀로 상대하고 있다. 우리도 하나님을 알게 되고 하나님의 자녀가 되면서 겪게 되는 어려움과 갈등이 있다. 각자가 겪었던 어려움과 갈등에 대해 이야기를 나누어 보도록 한다. 회식자리에서 술을 거부하면서 겪은 어려움, 주일을 지키려다 보니 동아리 모임에 빠지게 되는 어려움, 세상 유행보다 말씀대로 살려는 어려움, 믿지 않는 가족과의 갈등 등. 다양한 주제의 이야기를 나눌 수 있다. 반면에 어려움을 느껴본 경험이 없다면 그 이유는 무엇인가에 대해서도 생각해 봐야 할 것이다. 예수를 믿고 어려움이 없다면 너무 쉽고 가볍게 믿음 생활을 하고 있지는 않은가 돌아봐야 할 것이다.

**2** 선지자가 심한 공포를 느낄 때도 하나님은 강한 용사의 모습으로 함께 하신다. 당신에게 용사이신 하나님의 도움이 가장 절실한 영역은 어디인가?

관찰문제 4번 참고. 예레미야는 고통 속에서 하나님을 원망한다. 하나님이 그를 보호하지 않으신 것에 대한 원망이었다. 그러나 하나님은 항상 그를 보호해 오셨다. 그래서 선지자를 어렵게 했던 사람들은 힘을 쓰지 못하고 모두 쓰러졌다(11절). 하나님이 그를 보호하기 위해 쳐 놓으신 보호막을 순간적으로 보지 못한 것뿐이다. 그는 용사이신 하나님이 함께 하심을 알았다. 그래서 그는 원수들이 계획하고 있는 모든 일이 오히려 그들을 넘어지게 할 것이며, 그들이 자기가 당한 수모보다 더 큰 수치를 당할 것이라고 확신한다(11절). 비록 이 순간에는 예레미야가 그들에게 수모를 당하고 있지만 머지않아 그들의 위치가 바뀔 것이다. '야구는 9회말 2아웃부터'라는 말처럼, 선지자는 게임이 아직 끝나지 않았음을 의식하게 되었다. 선지자에게 강한 용사의 모습으로 함께 하신 하나님의 도우심이 가장 절실한 영역은 어느 부분인가 서로 이야기를 나누어 보도록 한다. 예레미야와 같이 원수에 대한 보복일 수도 있다. 수험생이라면, 취업준비생이라면, 부모라면, 퇴직을 앞두고 있다면, 각자가 다른 영역의 도움이 필요할 것이다. 그 부분에 대해 말해 보도록 한다. 인도자는 한 두 사람만 너무 오래 이야기하게 하지 말고 모두가 동참할 수 있도록 돕는다.

**3** 당신이 실망하고 좌절할 때 다시 하나님을 바라볼 수 있는 찬양과 찬송은 무엇인가?

관찰문제 5번 참고. 예레미야는 고통의 순간 하나님은 의인을 시험하고 그의 마음과 생각을 감찰하시는 분이라는 찬송을 부르며 자신의 억울함(떳떳함)을 말한다. 예레미야는 억압받는 사람들을 악인들의 권세에서 구원하시는 공평하신 하나님을 찬양하라고 권면한다. 각자가 예레미야처럼 힘들고 어려울 때 부르는 찬양은 무엇인가 이야기를 나누어 보도록 한다. 힘들 때 부르면 위로가 되는 찬양은 무엇인가 말해 보도록 한다. 구성원이 함께 찬양을 불러보는 것도 좋은 방법이다.

## Ⅶ. 마무리

기도로 마무리한다.
제11주 관찰문제를 예습해 오도록 한다.
실천과제를 제시한다.

### 생활의 아로마(실천)

예 1) 일주일동안 찬송가를 묵상하고 부르도록 한다.
2) 고통이나 괴로움이 있을 때 12-13절 반복해서 읽도록 한다.
3) 고통이 혹시 믿음으로 인해 발생하는 고통인지, 내 잘못으로 인한 고통인지 구분하도록 한다.

# 제11주 멸망의 이유

**예레미야 21:1-14**

**학습목표**

유다가 멸망할 수 밖에 없었던 이유를 알 수 있다.

KEYWORD **멸망, 희망사항, 대적**

**Ⅰ. 찬양과 기도**

**Ⅱ. 지난주 실천과제 나눔**

**Ⅲ. 복습문제 풀이**

## 복습

**1** 선지자가 가장 가까운 친구에게도 공포를 느끼는 가운데 하나님은 선지자에게 어떤 모습으로 함께 하셨는가?(20:11)

용사

**Ⅳ. 말씀 예레미야 21:1-14을 다 함께 읽는다**

21:1 여호와께로부터 예레미야에게 말씀이 임하니라 시드기야 왕이 말기야의 아들 바
스훌과 제사장 마아세야의 아들 스바냐를 예레미야에게 보내니라 2 바벨론의 느부갓

네살 왕이 우리를 치니 청컨대 너는 우리를 위하여 여호와께 간구하라 여호와께서 혹
시 그의 모든 기적으로 우리를 도와 행하시면 그가 우리를 떠나리라 하니 3 예레미야
가 그들에게 대답하되 너희는 시드기야에게 이같이 말하라 4 이스라엘의 하나님 여호
와께서 이와 같이 말씀하시되 보라 너희가 성 밖에서 바벨론의 왕과 또 너희를 에워
싼 갈대아인과 싸우는 데 쓰는 너희 손의 무기를 내가 뒤로 돌릴 것이요 그것들을 이
성 가운데 모아들이리라 5 내가 든 손과 강한 팔 곧 진노와 분노와 대노로 친히 너희
를 칠 것이며 6 내가 또 사람이나 짐승이나 이 성에 있는 것을 다 치리니 그들이 큰 전
염병에 죽으리라 하셨다 하라 7 여호와의 말씀이니라 그 후에 내가 유다의 왕 시드기
야와 그의 신하들과 백성과 및 이 성읍에서 전염병과 칼과 기근에서 남은 자를 바벨론
의 느부갓네살 왕의 손과 그들의 원수의 손과 그들의 생명을 찾는 자들의 손에 넘기리
니 그가 칼날로 그들을 치되 측은히 여기지 아니하며 긍휼히 여기지 아니하며 불쌍히
여기지 아니하리라 하셨느니라 8 여호와께서 말씀하시기를 보라 내가 너희 앞에 생명
의 길과 사망의 길을 두었노라 너는 이 백성에게 전하라 하셨느니라 9 이 성읍에 사는
자는 칼과 기근과 전염병에 죽으려니와 너희를 에워싼 갈대아인에게 나가서 항복하는
자는 살 것이나 그의 목숨은 전리품 같이 되리라 10 여호와의 말씀이니라 내가 나의
얼굴을 이 성읍으로 향함은 복을 내리기 위함이 아니요 화를 내리기 위함이라 이 성읍
이 바벨론 왕의 손에 넘김이 될 것이요 그는 그것을 불사르리라

11 유다 왕의 집에 대한 여호와의 말을 들으라
12 여호와께서 이와 같이 말씀하시니라
다윗의 집이여 너는 아침마다 정의롭게 판결하여
탈취 당한 자를 압박자의 손에서 건지라
그리하지 아니하면 너희의 악행 때문에
내 분노가 불 같이 일어나서 사르리니 능히 끌 자가 없으리라
13 여호와의 말씀이니라
골짜기와 평원 바위의 주민아 보라
너희가 말하기를 누가 내려와서 우리를 치리요
누가 우리의 거처에 들어오리요 하거니와
나는 네 대적이라
14 내가 너희 행위대로 너희를 벌할 것이요
내가 또 수풀에 불을 놓아 그 모든 주위를 사르리라

여호와의 말씀이니라

## V. 관찰문제의 바른 답

### 말씀 돋보기(관찰)

**1** 시드기야 왕이 사람들을 보내 선지자에게서 듣고자 했던 하나님의 말씀은 무엇인가?(21:1-2)

하나님의 기적으로 도와 주리라

Tip

바빌론 군이 예루살렘을 포위하자 불안해진 시드기야는 말기야의 아들 바스훌과 마아세야의 아들 스바냐 제사장을 예레미야에게 보냈다. 평소에 예레미야가 유다의 종말에 대해 경고하고 다녔던 것을 생각하면서도 혹시 여호와께서 기대하지 못한 은혜를 베풀지 않을까 하는 기대를 가졌기 때문이다(1-2절). 스바냐 제사장은 여호와께서 출애굽, 요단강 도하에 버금가는 대규모의 기적을 베푸실 것이라는 신탁을 예레미야로부터 받기를 기대한다. 당장 바빌론 사람들을 예루살렘에서 물러나게 하는 하나님의 찬란한 은혜를 기대하는 것이다.

**2** 예레미야를 통한 하나님의 응답은 무엇인가?(21:3-7)

하나님이 직접 이스라엘을 치시겠다.

Tip

시드기야와 그의 신하들은 하나님이 출애굽 때 베풀었던 기적에 버금가는 기적을 베푸실 것이라는 생각으로 예레미야의 신탁을 기대하며 왔다. 그러나 예레미야를 통한 하나님의 응답은 단호했다. 하나님은 신적 일인칭을 수차례 사용해 자신이 친히 바빌론 군과 합세할 뿐만 아니라 기근과 질병을 동원해 이스라엘을 칠 것이라고 선포하신다(3-7절). 바빌론 군을 도구로 이스라엘을 침략하고, 바빌론 군에게서 살아남은 사람들은 온갖 질병과 재앙으로 치실 것이라는 의미이다. 특히 5절을 시작하는 표현이 매우 강렬하다. '내가 친히 너희를 칠 것이다'. 예레미야서에서 하나님이 자기 백성을 직접 치겠다고 말씀하시는 것은 이 곳뿐이다. 저자는 하나님의 분노가 극에 달했음을 5절에서 분노에 대한 단어를 세 차례나 사용해 강조하고 있다: '진노', '분노', '대노'. 시드기야는 하나님의 구원을 원했지만, 하나님은 그에게 심판밖에 주실 것이 없다. 시드기야는 악한 사람이기 때문이다(52:2). 선지자로부터 이런 메시지를 전해들은 시드기야와 그의 신하들은 차라리 예레미야에게 묻지 않았으면 좋았을 뻔했다는 생각을 했을 것이다.

**3** 유다의 생명의 길과 사망의 길은 각각 무엇인가?(21:8-9)

a) 생명의 길: 바빌론에 항복

b) 사망의 길: 바빌론에 저항

Tip

예레미야는 신명기처럼 유다에게 생명과 사망의 길을 선포한다(8절; cf. 신30:11-20). 그러나 죄를 회개하고 여호와께 순종하는 것과는 상관없는 선택이다. 만일 유다가 침략자 바빌론에게 항복하면 살 것이요, 저항하면 죽게 될 것이다. 살아도 평안하지 못하다. 바빌론 군에 투항하는 사람들은 목숨을 연명하겠지만, 그들의 전리품이 되어 바빌론까지 끌려갈 것이기 때문이다(9절).

하나님의 얼굴이 예루살렘 성읍을 향한다(10절). 원래 하나님이 자기 얼굴을 주의 백성에게 돌리신다는 것은 그들의 형편을 헤아리고 적절한 복을 내려 주신다는 좋은 표현이다. 그러나 여기서 하나님의 얼굴이 주의 백성을 향하는 이유는 그들의 죄에 따라 그들을 벌하고 공격하시기 위함이다.

**4** 다윗 왕조가 심판을 받는 이유는 무엇인가?(21:12)

아침마다 공의를 실천하지 않았기 때문에

Tip

유다에게 임할 심판을 선언했던 예레미야는 유다를 다스리고 있는 다윗 왕조에게 말씀을 선포한다. 유다를 다스리고 있는 다윗 왕조는 '아침마다' 공의를 실천했어야 했다(12절). 이스라엘을 다스리는 왕은 매일, 정기적으로 정의를 실현하는 것을 가장 중요하게 여겨야 한다는 뜻이다. 또한 왕이 아침에 잠자리에서 일어나면 제일 먼저 생각해야 할 일이 하루 종일 어떻게 공의와 정의로 백성을 치리 할 것인가 계획하는 것이다. 왕의 하루는 공의와 정의 실현으로 시작해 공의와 정의 실현으로 끝이 나야 한다. 이스라엘을 다스리는 인간 왕의 권위는 공의와 정의를 사랑하고 실천하기를 기뻐하시는 여호와께로부터 주어졌기 때문이다. 공의와 정의는 다스리는 왕의 취향에 따라 선택하고 거부할 수 있는 것이 아니다. 그러므로 유다 왕들이 심판을 받아 타국으로 끌려가게 된 이유는 하나님이 그 왕들에게 요구하신 정의로운 판결과 억울한 사람들을 보호하는 일 등을 등한시했기 때문이다(23절). 예레미야는 유다 왕들이 가장 기본적인 의무도 이행하지 않았다고 평가하고 비난한다.

**5** 하나님이 유다를 심판 하면 요새와 같은 은신처로 피하면 안전하다고 주장하는 자들의 진정한 대적은 누구인가?(21:13-14)

하나님

---

**Tip** 예루살렘은 남쪽으로만 군대가 출입할 수 있는 좁은 길로 이루어진 천연 요새라 할 수 있다. 성 안에 식량과 물만 비축되어 있으면 적들의 공격에도 오랫동안 버틸 수 있다. 그래서 유다를 심판하시면 요새와 같은 은신처로 피하면 된다고 주장하는 사람들이 있다(cf. 13절). 예루살렘의 지형적 여건을 고려하면 성의 주민들이 자만심, 혹은 거짓 평안에 대한 환상을 가질 만하다. 문제는 그들을 공격하는 적의 정체이다. 예루살렘 사람들의 눈에는 바빌론 군대밖에 보이지 않지만 이 이방인 군대를 사용해 계획한 바를 이루시는 이는 하나님이다. 이스라엘의 문제는 하나님의 진노의 막대기인 바빌론 군대는 볼 수 있지만 그 막대기를 손에 쥐고 휘두르시는 분은 보지 못한다는 데 있다. 그래서 하나님은 이스라엘이 절대 심판을 피할 수 없다며 그 이유를 선언하신다: '나는 네 대적이라'(13절). 이스라엘이 하나님의 적이 되었으니 심판을 피할 길이 없다(14절).

## Ⅵ. 적용과 나눔

### 삶의 내비게이션(적용)

**1** 귀가 따갑게 듣고 있는 메시지이지만 대수롭지 않게 여기거나 무시했던 것은 무엇이 있었는가?

관찰문제 2번 참고. 시드기야 왕은 예레미야가 유다의 종말을 경고하고 다녔지만 혹시 여호와께서 기대하지 못한 은혜를 베푸실 것을 기대하면서 예레미야에게 사람들을 보낸다. 정작 들어야 할 메시지는 계속해서 예레미야를 통해 선포되고 있었는데도 그들은 듣지 않고 있다가 다급한 순간이 되자 하나님의 은혜를 기대하는 것이다. 우리도 평소에는 듣기 싫은 소리에 귀를 닫는다. '너는 떠들어라 나는 내 갈 길을 가련다' 라고 생각한다. 각자가 귀가 따갑게 듣고 있는 메시지이지만 대수롭지 않게 여기거나 무시했던 것은 무엇이 있었는지 이야기를 나누어 보도록 한다. 세상적인 것에만 신경쓰고 하나님의 것은 무시할 수 있다. 세상 미디어의 정보는 찰떡같이 믿으면서 부모님의 말은 무시할 수 있다. 동료나 사기꾼의 말은 신뢰하면서 배우자의 말은 개떡같이 여길 수 있다. 그 정도가 지나쳐 거의 믿음의 수준이다. 각자의 이야기를 나누어 본다.

**2** 다윗왕조는 아침마다 공의를 실천해야 했다. 당신은 아침에 일어나서 제일 먼저 무엇을 계획하는가?

관찰문제 4번 참고. 다윗왕조의 판단 기준은 '다윗이 모든 백성에게 정의와 공의를 행[한]' 이후(삼하8:15) 모든 후손 왕들의 판단 기준이 되었다. 왕이 아침에 잠자리에서 일어나면 제일 먼저 생각해야 할 일이 하루 종일 어떻게 공의와 정의로 백성들을 치리할 것인가 계획하는 것이다. 왕의 하루는 공의와 정의 실현으로 시작해 공의와 정의 실현으로 끝이 나야 한다. 그만큼 하나님께서 기뻐하시는 일이기 때문이다. 각자가 아침에 일어나서 제일 먼저 무엇을 계획하는가 이야기를 나누어 보도록 한다. 엄마라면 무엇을 먹을까를 먼저 생각할 수 있다. 직장에 출근하는 패션리더라면 무엇을 입고갈까를 먼저 생각할 수 있다. 학생이라면 오늘 하루 어떻게 공부할까 혹은 오늘 하루도 어떻게 버틸까 하고 생각할 수 있다. 각자 제일 먼저 계획하는 것을 이야기 나누도록 한다.

**3** 마지막 날에 하나님이 나에게 어떤 얼굴로 바라보기를 원하는가?

관찰문제 3번 참고. 하나님의 얼굴이 예루살렘 성읍을 향한다(10절)는 말씀은 원래 하나님이 그들의 형편을 헤아리고 적절한 복을 내려주신다는 좋은 표현이다. 그래서 민수기 6:24-26에 기록된 제사장의 축도는 하나님의 얼굴이 성전에서 예배를 드리고 떠나는 사람들의 삶을 향하기를 두 차례나 빌어주고 있다. 하나님이 성도들의 형편을 헤아리시면 모든 문제가 해결 될 것이라는 믿음이 있기 때문이다. 그러나 본문에서는 하나님의 얼굴이 주의 백성을 향한 이유는 그들의 죄에 따라 그들을 벌하고 공격하시기 위함이다. 마지막 날에 우리는 모두 하나님 앞에 설 것이다. 그 날 하나님이 어떤 얼굴로 바라보기를 원하는가 말해 보도록 한다.

## Ⅶ. 마무리

기도로 마무리한다.

제12주 관찰문제를 예습해 오도록 한다.

실천과제를 제시한다.

### 생활의 아로마(실천)

예 1) 듣고자 하는 메시지, 들어야 하는 메시지를 구분해야 한다.

2) 아침마다 나에게 주어진 삶의 현장에서 하나님의 공의와 정의를 어떻게 실현할 수 있을까 생각하도록 한다.

## 제12주 아픈 진실

예레미야 23:1-12

### 학습목표

선지자는 심판의 메시지를 선포하지만 그 마음은 아프다는 사실을 알 수 있다.

KEYWORD **보응, 중보, 구원**

### Ⅰ. 찬양과 기도

### Ⅱ. 지난주 실천과제 나눔

### Ⅲ. 복습문제 풀이

#### 복습

**1** 다윗 왕조가 심판을 받는 이유는 무엇인가?(21:12)

아침마다 공의를 실천하지 않았기 때문에

### Ⅳ. 말씀 예레미야 23:1-12을 다 함께 읽는다

23:1 여호와의 말씀이니라 내 목장의 양 떼를 멸하며 흩어지게 하는 목자에게 화 있으
리라 2 그러므로 이스라엘의 하나님 여호와께서 내 백성을 기르는 목자에게 이와 같

이 말씀하시니라 너희가 내 양 떼를 흩으며 그것을 몰아내고 돌보지 아니하였도다 보
라 내가 너희의 악행 때문에 너희에게 보응하리라 여호와의 말씀이니라 [3] 내가 내 양
떼의 남은 것을 그 몰려 갔던 모든 지방에서 모아 다시 그 우리로 돌아오게 하리니 그
들의 생육이 번성할 것이며 [4] 내가 그들을 기르는 목자들을 그들 위에 세우리니 그들
이 다시는 두려워하거나 놀라거나 잃어 버리지 아니하리라 여호와의 말씀이니라

[5] 여호와의 말씀이니라
보라 때가 이르리니
내가 다윗에게 한 의로운 가지를 일으킬 것이라
그가 왕이 되어 지혜롭게 다스리며
세상에서 정의와 공의를 행할 것이며
[6] 그의 날에 유다는 구원을 받겠고
이스라엘은 평안히 살 것이며
그의 이름은 여호와 우리의 공의라 일컬음을 받으리라

[7] 그러므로 여호와의 말씀이니라 보라 날이 이르리니 그들이 다시는 이스라엘 자손을
애굽 땅에서 인도하여 내신 여호와의 사심으로 맹세하지 아니하고 [8] 이스라엘 집 자
손을 북쪽 땅, 그 모든 쫓겨났던 나라에서 인도하여 내신 여호와의 사심으로 맹세할
것이며 그들이 자기 땅에 살리라 하시니라

[9] 선지자들에 대한 말씀이라
내 마음이 상하며 내 모든 뼈가 떨리며
내가 취한 사람 같으며 포도주에 잡힌 사람 같으니
이는 여호와와 그 거룩한 말씀 때문이라
[10] 이 땅에 간음하는 자가 가득하도다
저주로 말미암아 땅이 슬퍼하며 광야의 초장들이 마르나니
그들의 행위가 악하고 힘쓰는 것이 정직하지 못함이로다
[11] 여호와의 말씀이니라
선지자와 제사장이 다 사악한지라
내가 내 집에서도 그들의 악을 발견하였노라
[12] 그러므로 그들의 길이 그들에게
어두운 가운데 미끄러운 곳과 같이 되고
그들이 밀어냄을 당하여 그 길에 엎드러질 것이라

그들을 벌하는 해에 내가 그들에게 재앙을 내리리라
여호와의 말씀이니라

건너뛴 장 내용 요약
22장 왕들에 대한 선포

## V. 관찰문제의 바른 답

### 말씀 돋보기(관찰)

**1** 이스라엘 목자들이 양떼에게 행한 것은 무엇이며, 이에 대한 하나님의 반응은 무엇인가?(23:1-2)

a) 양떼를 흩어지게 하고 돌보지 않았다.

b) 그들을 열방에 흩을 것이다.

**Tip** 이스라엘 목자들은 양들(백성들)을 엉뚱한 길로 인도해 죽게 하고 흩어지게 만들었다. '목자'는 고대 근동에서 왕과 같은 통치자를 일컫는데 흔히 사용되었던 은유이다(cf. 3:15). 선지자는 유다의 왕들을 목자에 비유해 그들의 무능함과 악행을 비난하고 있다. 목자는 양들을 모으고 먹고 마실 수 있는 곳으로 인도하고 맹수들에게 해를 당하지 않도록 보호하는 일을 맡은 사람이다. 그러나 이스라엘의 왕들은 양들을 '돌보지 않고' 경솔하게 백성을 통치했다. 그러므로 이제 하나님이 그들의 무책임한 행위를 '확실하게 돌보실' 것이다(2절). 양을 모으기는 커녕 흩어버린 목자들에게 가장 적절한 보복은 그들을 열방에 흩는 것이다. 그들이 흩은 양은 자신들의 양이 아니고 하나님의 양이기 때문이다(2-3절). 주님의 양떼가 온 세상에 흩어졌으니, 그들의 목자들(왕들)도 흩어지는 게 당연하다. 실제로 유다의 마지막 왕들 중 살룸은 이집트로 끌려갔고, 여호야긴은 바빌론으로 잡혀갔으며, 시드기야는 바빌론으로 끌려가는 도중에 죽었다.

**2** 하나님이 세우실 의로운 왕의 통치에 대하여 약속하신 세 가지는 무엇인가?(23:3–8)

a) 3–4절: 흩어진 양들을 직접 모으실 것이다.

b) 5–6절: 의로운 가지를 세우실 것이다.

c) 7–8절: 출애굽보다 더 놀라운 구원의 날이 주의 백성에게 임할 것이다.

**Tip** 첫 번째 약속은 악하고 무능한 유다 왕들을 열방에 흩으신 하나님이 왕들이 흩어버린 양들을 직접 모으시는 것이다(3–4절). 이스라엘의 목자들에게 실망한 하나님이 직접 그들의 목자가 되어 온 세상에 흩어져 있는 이스라엘의 '남은 양들'을 모으신다.

두 번째 약속은 다윗 언약이 계속 지속될 것이라는 말씀이다(5–6절). 그 날이 되면 하나님은 다윗의 후손 한 사람을 '의로운 가지'로 세우실 것이다(5절).

세 번째 약속은 출애굽보다 더 놀라운 구원의 날이 주의 백성에게 임한다는 것이다(7–8절). 이 말씀은 16:14–15을 거의 그대로 재인용하고 있다. 주의 백성이 포로로 끌려가 억압된 삶을 산 후에 그들에게 해방과 자유가 임할 것이다.

**3** 하나님이 세우시는 메시아의 호칭은 무엇인가?(23:5)

의로운 가지

**Tip** '의로운 가지'는 메시아의 호칭이다(cf. 스3:8; 6:12). 페니키아 사람들은 이 호칭을 아버지의 대를 이어 다음 통치자가 될 세자에게 적용했던 것으로 알려졌다. 이스라엘은 '의로운 가지'의 통치를 받아 구원을 얻고 평안히 살게 될 것이다(6절). '의로운 가지'는 왕이 되어 주의 백성을 통치할 것이며 하는 일마다 모두 잘될 것이다. 이 왕은 백성들을 공평과 의로 다스릴 것이다. 선지자들이 메시아에 대해 예언할 때 가장 두드러지는 그의 통치 성향이 바로 공평과 정의이다. 공평과 정의는 하나님과 하나님께 온 모든 사람들의 공통적인 요소이다.

4 예레미야는 선지자로서 어떤 고통을 감수해야 했으며, 왜 그래야 했는가?(23:9)

a) 마음이 상하고, 뼈가 떨리며 서 있기도 힘든 고통

b) 주의 백성을 사랑했기 때문에

Tip 예레미야는 주의 백성에게 임할 심판에 대한 하나님의 말씀을 생각하며 무척 괴로워한다. 그는 절제할 수 없는 감정에 시달리고 있다: '내 심장이 내 속에서 터지고, 내 모든 뼈가 떨리며, 내가 취한 사람처럼 되고, 포도주에 곯아떨어진 사람처럼 되었다'(9절; 새번역). 예레미야는 너무 힘이 들어 서 있기도 어려운 상황이라며 아픔을 토로하고 있다. 예레미야가 이처럼 괴로워하는 것은 그가 주의 백성을 무척 사랑했기 때문이다. 하나님의 손에 사로잡힌 선지자는 끊임없이 백성들을 비난하며, 그들에게 임박한 심판의 메시지를 전하고 있지만, 자신이 전하는 메시지에 먼저 마음속으로 통곡하고 몸을 가눌 수 없을 정도로 괴로워한다.

5 하나님은 거짓 선지자들과 제사장들에게 어떻게 하시는가?(23:12)

그들의 길이 어둡고 미끄러운 곳이 되게 하며, 떠밀려 넘어지게 하실 것이다.

Tip 하나님은 그들의 길이 미끄럽고 캄캄한 곳이 되게 하며, 떠밀려 넘어지게 하실 것이다(12절). 사망의 음침한 골짜기를 지나는 성도들이 실족하지 않도록 보호하는 하나님이 이 종교 지도자들이 실족하도록 걸림돌이 되고 덫을 치셨다. 이스라엘의 종교 지도자들에게 이처럼 혹독한 심판을 내리시는 것은 그들이 실수하고 사역을 잘못해서가 아니라 그들의 삶 자체가 악하기 때문이다. 이 악한 제사장들과 선지자들은 자신의 신분과 삶을 유지하기 위해 가난하고 연약한 사람들을 착취하는 죄를 지어왔다. 선지자들은 사회의 약자들을 착취하고 억압하는 것을 가장 비겁한 일이라고 한다. 저항할 힘조차 없는 사람들을 짓밟는 비열한 행위이기 때문이다.

## 삶의 내비게이션(적용)

**1** 목자(리더)가 잘못되면 양들은 엄청난 피해를 입을 수 있다. 당신이 과거에 목자(리더)의 잘못으로 피해를 본 경험에는 무엇이 있었는가?

관찰문제 1번 참고. 예레미야에 등장하는 유다의 마지막 왕들이자 요시야의 세 아들들(살룸, 여호야김, 시드기야)과 손주(여호야긴)는 의롭고 유능한 요시야 왕에 비해 무능하면서도 악하고 형편없는 왕들이었다. 이 악한 왕들을 보면서 하나님이 왜 유다에 대한 심판을 거두실 수 없는가에 대해 생각할 수 있다. 요시야처럼 훌륭한 왕들이 계속 유다를 다스렸다면 심판이 취소되지는 않더라도 충분히 보류될 수는 있었다. 그러나 이 왕들이 하는 짓을 보면 하나님의 심판이 이때 임할 수 밖에 없었고, 주님의 심판은 정당하고 합리적인 결과였음을 깨닫는다. 유다의 종말에 악하고 무능한 마지막 왕들이 일조했다. 이처럼 리더(왕)들이 잘못되면 양(백성)들이 엄청난 피해를 입는다. 각자가 목자(리더)의 잘못으로 피해를 본 경험을 이야기해 보도록 한다. 부모의 사업실패로 가난을 경험할 수 있다. 사장의 잘못으로 회사가 문을 닫고 실직을 할 수 있다. 크게는 나라, 작게는 가정에 이르기까지 리더들의 잘못은 그들을 따르는 사람들에게 피해를 줄 수 있다. 각자의 이야기를 나누어 보도록 한다.

**2** 메시아가 연약한 의로운 가지로 표현되고 있다. 당신이 기대하고 바라는 것은 크고 거대한데 현실은 너무 미비한 것은 무엇인가?

관찰문제 3번 참고. 이스라엘은 '의로운 가지'의 통치를 받아 구원을 얻고 평안히 살게 될 것이다(6절). 이 '의로운 가지'에 대한 예언은 예수님을 통해 성취되었다. 메시아 하면 강하고 큰 것을 연상하게 된다. 나무로 표현하면 사람도 쉬고 새들도 쉴 수 있는 아름드리 큰 나무라고 할 수 있다. 그러나 본문은 큰 나무도 작은 나무도 아닌 작고 연약한 가지로 메시아를 표현한다. 예수님도 그렇다. 낮고 연약한 모습으로 이 땅을 살다 가셨다. 우리가 기대하는 것은 크고 놀라운 것인데 현실은 그렇지 못하다. 각자가 기대하고 바라는 것은 무엇인가 이야기를 나누어 보도록 한다. 또한 바라는 것은 크고 거대한데 현실은 그렇지 못한 부분에 대해서도 서로 말해 보도록 한다.

**3** 당신은 누구를 위해 가슴 아파하며 기도하고 있는가?

관찰문제 4번 참고. 예레미야는 주의 백성에게 임할 심판으로 마음이 조금 아픈 것이 아니라 '매우 혼란스럽고, 마음이 상할대로 상해 있으며, 충격을 입었다.' 예레미야가 이처럼 괴로워하는 것은 그가 주의 백성을 무척 사랑했기 때문이다. 하나님의 손에 사로잡힌 선지자는 끊임없이 백성들을 비난하며, 그들에게 임박한 심판의 메시지를 전하고 있지만 자신이 전하는 메시지에 먼저 마음속으로 통곡하고 몸을 가눌 수 없을 정도로 괴로워한다. 사역자가 성도들의 죄를 지적할 때의 모습은 이러해야 한다. 지금도 많은 사역자들이 성도들의 죄로 말미암아 울며 기도하고 있다. 각자가 누군가를 위해 가슴 아파하며 기도하고 있는가 이야기를 나누어 보도록 한다. 예레미야 선지자의 마음을 이해할 수 있도록 하고, 영혼을 위해 뜨겁게 기도할 수 있는 구성원이 되도록 인도자는 돕는다.

## Ⅶ. 마무리

기도로 마무리한다.
다음 과정을 성경공부에 초대한다.
실천과제를 제시한다.

## 생활의 아로마(실천)

예 1) 가슴 아파하며 기도하는 마음을 갖도록 한다.
2) 하나님의 응답은 크고 거창한 것이 아님을 기억하도록 한다.

# 비밀 유지 서약서

나는 이 그룹에서 나눈 것들을 다른 곳에 누설하지 않기로 약속합니다. 또한 다른 그룹원들이 숨기고자 하는 내용을 나누도록 압력을 가하지 않기를 약속합니다. 하나님과 그룹원들에게 나의 약속을 성실히 이행할 것을 서약합니다.

서명________________________________

날짜________________________________

## 예레미야(I) 말씀 공부를 통한 삶의 변화 일지

| 주 | 나의 말씀 적용(생활의 아로마) | 실천과정과 결과 |
|---|---|---|
| 1주 | | |
| 2주 | | |
| 3주 | | |
| 4주 | | |
| 5주 | | |
| 6주 | | |

| 주 | 나의 말씀 적용(생활의 아로마) | 실천과정과 결과 |
|---|---|---|
| 7주 | | |
| 8주 | | |
| 9주 | | |
| 10주 | | |
| 11주 | | |
| 12주 | | |

# 예레미야(I) 엑스포지멘터리 성경공부 출석

| | 1 | 2 | 3 | 4 | 5 |
|---|---|---|---|---|---|
| 이름 / 주 | | | | | |
| OT<br>( 월 일) | | | | | |
| 1주<br>( 월 일) | | | | | |
| 2주<br>( 월 일) | | | | | |
| 3주<br>( 월 일) | | | | | |
| 4주<br>( 월 일) | | | | | |
| 5주<br>( 월 일) | | | | | |
| 6주<br>( 월 일) | | | | | |
| 7주<br>( 월 일) | | | | | |
| 8주<br>( 월 일) | | | | | |
| 9주<br>( 월 일) | | | | | |
| 10주<br>( 월 일) | | | | | |
| 11주<br>( 월 일) | | | | | |
| 12주<br>( 월 일) | | | | | |
| 합계 | | | | | |
| 연락처 | | | | | |
| 메모<br>(가족/기도) | | | | | |

| 6 | 7 | 8 | 9 | 10 | 11 | 12 |
|---|---|---|---|---|---|---|
| | | | | | | |
| | | | | | | |
| | | | | | | |
| | | | | | | |
| | | | | | | |
| | | | | | | |
| | | | | | | |
| | | | | | | |
| | | | | | | |
| | | | | | | |
| | | | | | | |
| | | | | | | |
| | | | | | | |
| | | | | | | |
| | | | | | | |
| | | | | | | |
| | | | | | | |

**송병현** 〈엑스포지멘터리 시리즈〉의 저자. 캐나다 틴대일 대학교(B. Th.)와 미국 시카고 트리니티 복음주의신학교를 졸업하고(M. Div.) 동 대학원에서 박사학위(Ph. D.)를 받았다. 1997년부터 백석대학교 구약학 교수로 봉직 중이며 2009년부터는 선교지의 지도자 교육을 위해 강사진을 파송하는 STAR 선교회를 이끌고 있다. 목회자와 신학생뿐 아니라 하나님의 말씀에 진지하게 귀기울이기 원하는 이 땅의 그리스도인들을 섬기기 위해 활발한 성경강해와 해석 사역을 펼치고 있다.

**송(임)우민** 캐나다 틴대일 대학교(B. Th.)와 미국 시키고 트리니티 복음주의신학교를 졸업(M. Div.), LA에 있는 탈봇신학교에서 기독교교육학으로 박사학위(Ph. D.)를 받았다. 20여 년간 북미와 한국에서 영어 주일학교 전도사로 교회학교 현장에서 사역하였으며, CMIS 캐나다국제학교 이사, Korea Montessori College 교수, 몬테쏘리 교사 및 컨설턴트 등 다양한 교육학적 경력을 통해 학부모 세미나, 부부 세미나, 교사 세미나와 주요 강사로서 가정과 주일학교를 말씀으로 세우기를 갈망하는 부모와 교사들을 섬기고 있다. 현재 백석예술대학교 사회복지학부 전임교수로 봉직 중이며, 남편 송병현 교수와 함께 STAR 선교회 이사로 섬기고 있다.

**엑스포지멘터리 성경공부 시리즈 예레미야(I) – 인도자용**

**초판 1쇄 발행** 2019년 10월 25일
**2쇄 발행** 2019년 10월 26일

**지은이** 송병현, 임우민
**구성** 신윤영

**펴낸곳** 도서출판 이엠
**등록번호** 제25100-2015-000063
**주소** 서울시 구로구 공원로 3번지
**전화** 070-8832-4671
**E-mail** empublisher@gmail.com

**내용 및 세미나 문의** 스타선교회: 02-520-0877 / EMail: starofkorea@gmail.com / www.star123.kr

ISBN 979-11-86880-67-8 93230


※ 가격은 표지 뒷면에 있습니다.

「이 도서의 국립중앙도서관 출판시도서목록(CIP)은 서지정보유통지원시스템 홈페이지(http://seoji.nl.go.kr)와 국가자료공동목록시스템(http://www.nl.go.kr/kolisnet)에서 이용하실 수 있습니다. (CIP제어번호:CIP2015000753)」